学校では教えてくれない性の話

みんなでひらく包括的性教育のとびら

樋上典子

皓星社

目次

プロローグ

あなたにとって一番大切なものは？

「性教育」と聞くとあなたはどんなイメージをもちますか。そもそも「性」って何でしょう。

いきなり質問です。

あなたにとって、一番大切なものは何ですか？

そう、一番大切なのは「いのち」ですね。「生きる」という意味です。生きていないと何もできませんよね。

では、その「いのち」はどこにあるのでしょうか。

脳や心臓だけではありません。

「からだ」全部なんです。性教育の基本は、科学的にからだのしくみを学ぶことです。だから、性教育は「いのちの学習」でもあるのです。

からだにはいろいろな部位があります。頭、首、肩、手、足、胸、お尻、性器などなど。そしてからだの中にはいろいろな臓器があります。心臓、肺、肝臓、胃、腸、卵巣や精巣などなど。しかし、からだの学習の中で、性器についてはあまり大人は教えてくれません。例えば、理科で使われる内臓の人形には、とても大切なところなのに性器、卵巣、精巣がついていないものもあります。

さあ、**卵巣**や**精巣**など**性器**に関わることであなたはどのくらい知っているでしょう。大人になると多くの女性は**月経**が始まります。月経ってどんな意味があるのでしょう。大人になると多くの男性は**射精**が始まります。射精ってどんな意味があるのでしょう。多くの女性がもっている**卵子**と多くの男性がもっている**精子**が合体したら子どもができる可能性があります。ではどのようにして合体するのでしょう。

性感染症って知っていますか？

避妊って知っていますか？　**人工妊娠中絶**って知っていますか？

さあ、あなたはこれらを説明することができますか？　「ばっちり」という人もいるでしょう。

よく大人は「自分のからだを守ろう」と言いますが、守るためには「自分のからだを知る」ことが必要です。だから、科学的に「からだのしくみを学ぶ」ことは生きていく上でとても大切なことなのです。

しかし、人間はからだのしくみについて理解するだけでは豊かに生きていくことはできません。誰もが幸せになりたいですよね。幸せになるためには人と人との心地よい関係をつくることがとても大切なのです。

では、あなたは次の質問にはどう答えますか？

女性は男性より強いですか？　弱いですか？

女性は男性を、男性は女性を好きになるのが当たり前ですか？

そもそもこの世の中は男性と女性だけが存在しているのですか？

好きな人がいたら、ハグしてもいいですか？

恋人同士になれば、パートナーは自分のものですか？

大人になったら結婚をするのが当たり前？

結婚したら子どもをつくるのが当たり前？

さあ、あなたはどのように答えることができたでしょう。

性教育というと「からだ」や「生殖のしくみ」のことしかイメージしない人がいますが、違うのですね。性教育というのは、**誰とどのように関係を築いていくかを考えていく大切な学び**でもあるのです。

「性」は人間にとって豊かに、幸せに生きるために必要なもの。また、思春期のことだけでなく、一生向き合っていくもの。だから性教育は、生きている限り、とても大切な学びでもあり、誰もが学ぶべきことなのです。そしてからだや生殖のしくみだけでなく、人間関係や性の多様性、ジェンダー平等など「人権」を基盤とした幅広いテーマを含み、幸せになることを目的とした性教育を**包括的性教育**と言います。

今、世界では戦争や紛争で多くの人が亡くなっています。行き場がなくなり、たくさんの難民が増え、生死をさまよっている状況を見ると、幸せからはかけ離れている人が世界中にたくさんいます。世界中がこの包括的性教育を学ぶことで、偏見や差別、そして暴力がなく、誰もが生きやすい、対等で平等な社会をつくることができる、本当の平和が訪れると私は思っています。

わきあがる日々の疑問から生まれた性教育

私は三十九年間、保健体育科の教員として勤め、定年退職後は二年間再任用（再雇用）教員になり、現在は非常勤の時間講師として保健体育科の授業のみを担当しています。また、大学生にも「性」についての授業を行っています。そしていろいろな学校に行って、性の大切さを子どもたちに、また教員や保護者など、多くの大人にお話をする活動をしています。

三十年以上、性教育の必要性にこだわり続けてきましたが、私が性教育を本気で学びだしたのは教員になってからです。それまでは性についてきちんと学ぶ機会はありませんでした。友達や先輩から話を聞いたり、さまざまな雑誌などを見て知るぐらいでした（当時はネットなどはなかったからですね）。多くの男性に起こる射精についても十代後半になってから知りました。そして、「女性は結婚して子育てをするのが一番の幸せ」「女性は家庭を守るのが当たり前」と刷り込まれて育ってきました。しかし、私は「じゃあ大学は何のために行くの？」「なぜ、同じ人間なのにいつも男の方が女より上なの？」と日常の中でも疑問に思うことが多々ありました。

大学時代の生活は、今になって振り返るとあきれ返るものでした。体育会庭球部に入り、朝から晩まで「勝つ」ことだけを目標に、テニスに明け暮れていました。苦しい練習も仲間と励まし合いながら、乗り越えてきました。しかし、そこには暴力がたくさんあり、何かミスをすると過酷なトレーニング、正座、男子はまる坊主。それが当然という世界でした。そして、主将だった私自身も後輩たちに多くの暴言を当たり前のように吐いてきました。今を思うと人権を無視したことをたくさんしていました。「暴力で人と素敵な関係はつくれない」という思いに変わったのは教員になって性を学び始めてからです。

大学卒業後、保健体育科の教員になり、はじめは知的障害の都立養護学校高等部（現特別支援学校）に着任しました。数年経ったある日、クラスの自閉的傾向がある女子生徒が性的暴行を受ける事件が発覚しました。警察へ一緒に同行し、事情を聴きました。しかし、その生徒は自分のからだに何が起こったのか、全く答えることができませんでした。特に尿道と性器、肛門の違い、プライベートパーツの意味も全く理解していませんでした。もし、彼女がそれらのことを認識していたら、何とか逃げることができたのではないか。生徒が自分のからだを守るためには性教育が絶対に必要であると強く感じました。その事件を機に、養護学校で教員の仲間と性教育に取り組み始め、たくさんの研究会に参加して勉強しました。特に「社団法人〝人間と性〟教育研究協議会（性教協）」では、性をポジティブなこととしてストレートに語り伝えており、その姿勢は私の心にすとんと落ちたのです。ここでの学びは今まで刷り込まれてきた生き方が一変するほど魅力的であり、私は性教育の虜となっていきました。

九年間養護学校に勤めた後、足立区内の中学校の通常学級へ転勤しました。生徒たちの様子を見ると、人のからだを馬鹿にし、卑猥な言葉によって仲間や教員の関心を引こうとする行動が多く見られました。そのためにまず、保健分野の「からだの学習」に力を入れて授業を行いました。また、卒業生から性感染症や意図しない妊娠の相談などがあったことから、必要性を感じ、卒業間際に避妊や人工妊娠中絶についての知識も取り入れながら、授業を進めていきました。

そして二〇一二年からは、三人の大学の先生たちと協力して、中学一年生から三年生まで学年ごとに「これだけは押さえておきたい性教育」と銘打ったプログラムを組み、今でも現場で授業実践を続けています。

さあ、これから一緒に「性」を学んでいきましょう。はじめにどうして性の学びが必要なのか、日本の実態からお話をしましょう。

第1章

性について学ぼう

「知らない」って危ない！

日本は欧米諸国に比べて、性教育が非常に遅れていると言われています。しかし、性をポジティブに捉えることで、自分ごととして捉え、人との柔らかな関係をつくっていくことを可能としてくれるのが性教育です。遅れているがゆえに、どんな点が問題なのか、日本の現状についてお話しします。

皆さんはどこで性に関する知識を得ていますか？

十七～十九歳を対象とする調査（二〇二一年、日本財団）の「性行為に関する知識は、どこで得ていますか？」という問いでは、全体では「友人から」の回答が四十七・四％とトップです。次いで「学校の授業」「アダルトサイト（年齢制限のあるもの）」「漫画（年齢制限のあるもの）」「漫画（年齢制限のないもの）」となっています。しかし、男子は「アダルトサイト（年齢制限のあるもの）」が「学校の授業」を上回っています。

友人から情報を得るにしても、正確な情報であればよいのですが、そうでない場合もありますよね。このような結果を見ると、若者は正しい性の情報を得ているとは言いにくい状況です。

また、今はネットの時代。多くの子どもたちは当たり前のように使っています。正しい性の情報にたどり着ければよいのですが、性を「下ネタ」として面白おかしくゆがめた情報が多く流れているのも事実です。アダルトサイト等で学ぶことは危険です。たくさんの暴力が表現され、これを本物として捉えてしまうとあなたも誰かを傷つけてしまう可能性があります。だから、正しく学ぶことは、あなたの生き方にとって、とても大切なことなのです。

子どもだけでなく、大人自身も性についてきちんと学んできた経験がなく、子どもたちに教えられない貧困な状態と言ってもよいでしょう。

子どもたちへの性教育については、大人の間で「早すぎる」「寝た子を起こすな（＝教えてわざわざ興味をもたせるな）」とよく言われます。私の経験から、心身の発達が著しい中学生は、性について関心のある子が多いです。関心があるのに、質問しても教えてくれない大人が多いという実態も多々あります。知らない子、関心がない子に対しては「上手に起こしてあげる」ことが大切だと私はいつも思っています。また、「自然に分かる」という大人もいますが、残念ながら多くの大人は「自然にポルノ」で学んできているのが現状です。

性についての知識や関心があると、日本では「あいつはエロい」とからかわれたり、「女性は何も知らない方が純粋で清らか」といった誤った考え方が根付いていたり、性について学ぶことはタブー視され、よりポジティブに捉えられないという壁もあります。

　このように正しい情報にたどり着けないことでさまざまな性の問題に結びついてしまっています。どんな問題があるのかを具体的にお話しします。

性について知っている人は相手を大切にできる人

　人と人がふれあうということは、生きていく上でとても素敵で大切なことです。しかし、残念ながら自分の意に反して暴力を受ける**性被害**が多く発生しています。

　特にSNSを介する十八歳以下の子どもの被害は千六百六十五件以上（二〇二三年、警察庁）、その六割以上が性に関わる被害（児童買春、児童ポルノ、不同意性交、不同意わいせつなど）となっています。

　また、性的虐待（身近な大人が児童に対してわいせつな行為をすること、また児童にわいせつな行為をさせること）についても大きな問題になっています。また、十六〜二十四歳の四人に一人が何らかの性暴力被害（痴漢や盗撮など）にあったことがあるというデータが二〇二三年に内閣府から発表されました。

これらの被害は女性だけでなく、男性も受けています。

でもここで考えてみてください。被害者だけが自分のからだを守ればよいのでしょうか。違いますよね。加害者を立ち直らせるための活動をしている方に聞いたのですが、「加害者がいなくなれば被害者はいなくなる」。そうなんです。被害者にだけ焦点を当てるのでなく「加害をしない」「人を傷つけない」ためにはどうすればいいかをみんなで考えなければいけないですよね。

そのためには、「人は自分のからだに誰がどのように触れるかは自分自身で決める権利をもっている」という「からだの権利」について学ぶことが必要なのです。大学生が集団で一人の女性に性的な暴行をするというような事件をニュース等でみることがあります。「他人がYESと言っていないのに、勝手にからだに触れることは〝暴力〟〝人権侵害〟であること」をしっかり学んでいけば、このような事件は起こらなかったのではといつも思います。「性の学び」は今の大人にとってもとても大切です。

予期せぬ妊娠や性感染症の実態

性的接触（キスや性交渉など）によってうつる**性感染症**がたいへん増えています。特に梅毒という病気が増えています。日本では、海外から入ってきた梅毒によって江戸時代に多くの人が亡くなりましたが、「ペニシリン」という治療薬によって治る病気となりました。この病気は「戦前の病気」という印象が多くの人の中にありましたが、二〇一〇年以降どんどん増え、二〇二二年の統計では一万例を超える報告が発表され、厚生労働省は注意喚起をしています。

日本で一番多くの患者がいる性感染症はクラミジアです。その他にも淋菌感染症、尖圭コンジローマなどのたくさんの性感染症があります。ぜひ調べてみてくださいね。**HIV／エイズ**（後天性免疫不全症候群。

梅毒報告数の推移（厚生労働省HP）

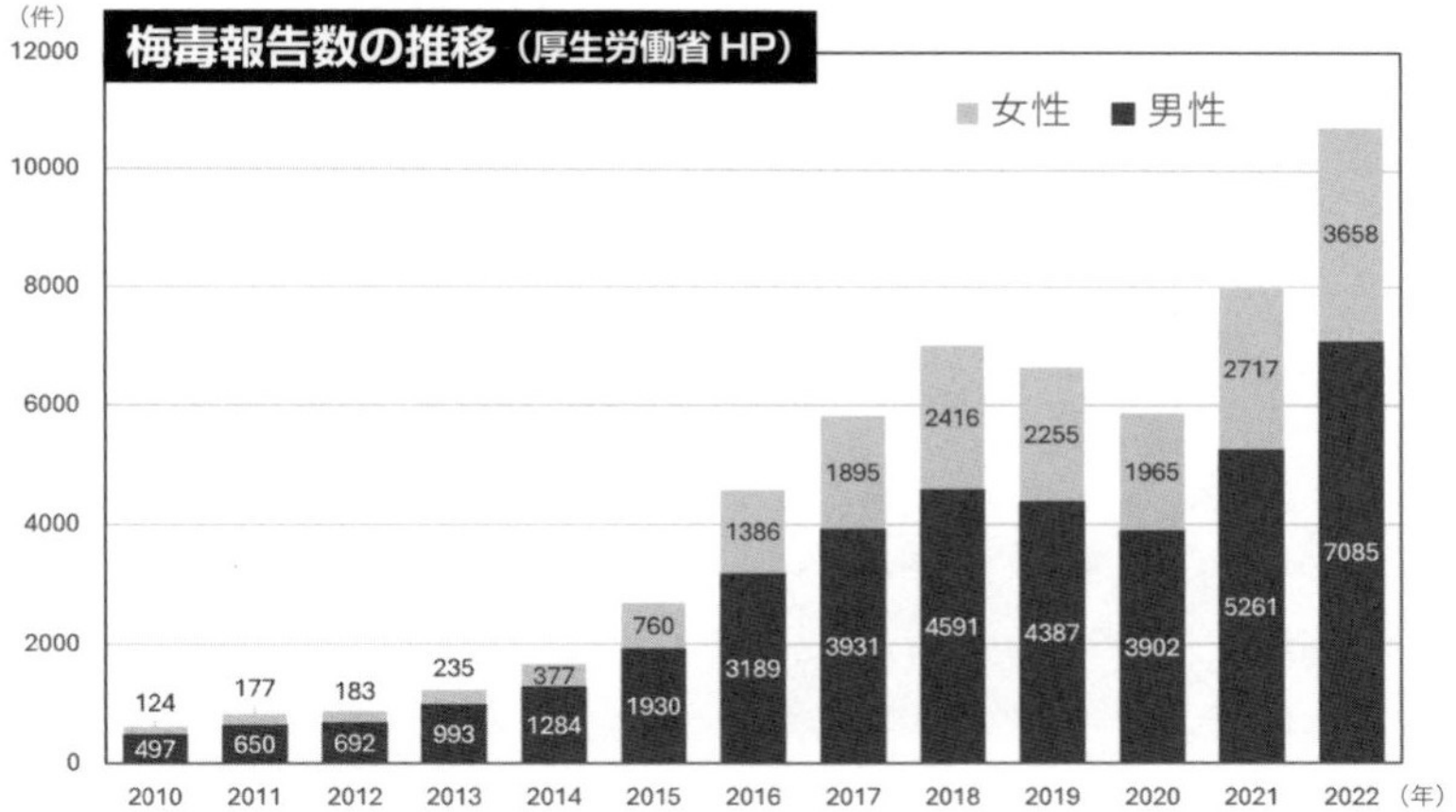

※ 2021 年は、第 1 ～ 52 週 2022 年 10 月 8 日時点集計値（暫定値）、2022 年は第 1 ～ 44 週 2022 年 11 月 9 日時点集計値の報告を対象。最終アクセス 2024/4/18。

ウイルスによって免疫力がおち、他のいろいろな病気にかかりやすくなる）は二〇〇〇年代世界中に広まり、多くの人が亡くなりましたが、今では完全に治癒はできなくても、早期発見により通常の生活を送ることが可能となり、人にうつさない薬も開発されるようになってきました。多くの性感染症は早い段階で検査をして治療を始めれば、ほとんど治すことができます。

何より、自分、そしてパートナーを守るために、コンドームを使用し直接性的接触をさけるといった予防法や検査について学ぶことは、性感染症蔓延の阻止にもつながります。

厚生労働省の発表による、十五歳と十六歳の**人工妊娠中絶**のグラフを見てください。人工妊娠中絶とは妊娠を途中でストップさせることです。十五歳の高校一年生もいますが、十六歳になると中絶件数が二～三倍

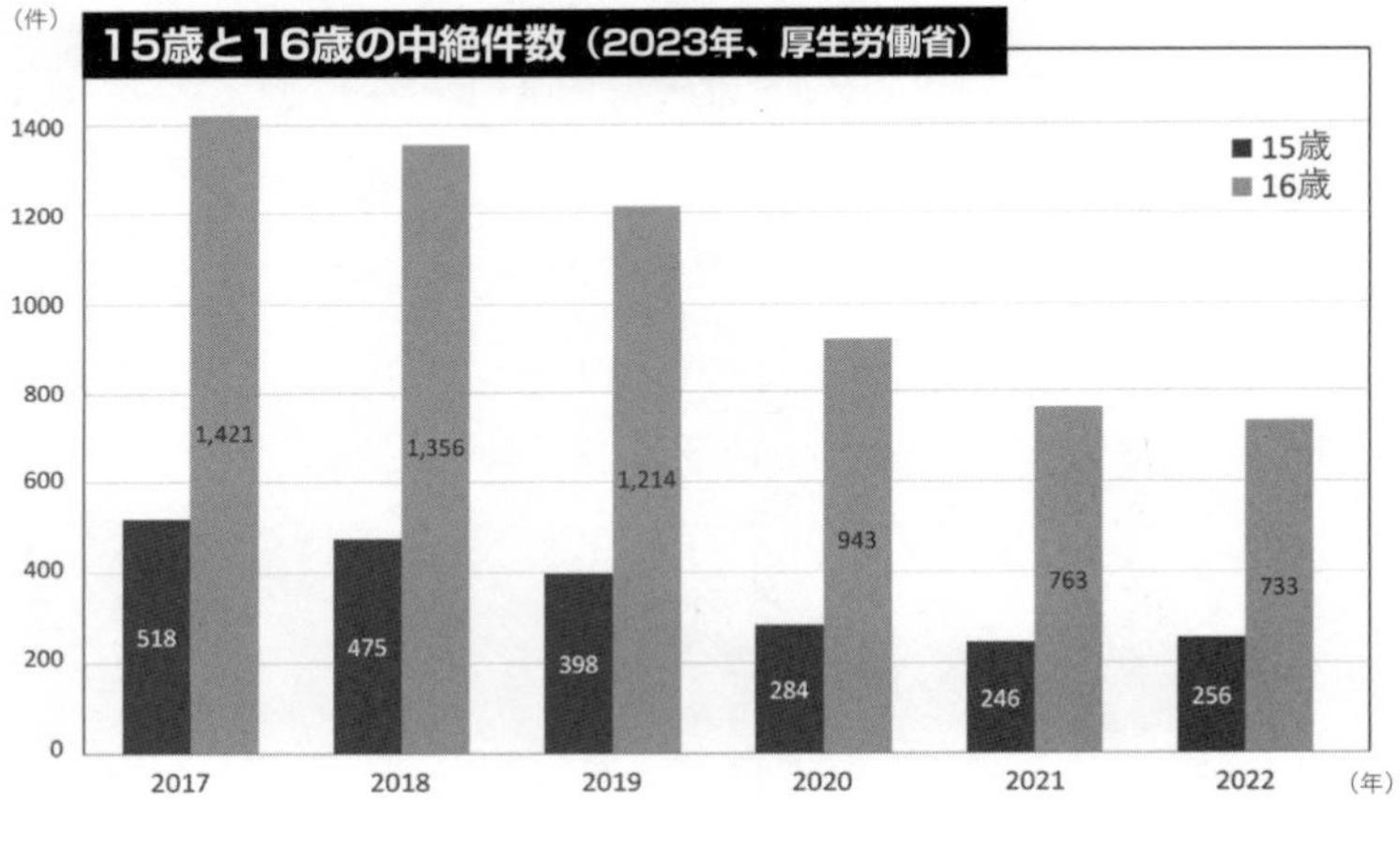

になるのが分かります。高校生になると一気に中絶件数が上がるとみてよいと思います。この原因として、高校生になれば「性交渉をしてもよい」と考える若者が多く、その反面、避妊（妊娠しないようにする）についての知識が大変乏しいという実態があるからです。

二〇二二年には過去最多となった夫婦間のＤＶ

警視庁の発表によると、夫婦間のＤＶ（ドメスティック・バイオレンス。親密な相手からの暴力）の相談件数について二〇二二年は過去最多となりました。ＤＶの認知度が上がったせいもあるかと思いますが、それにしても非常に多い数字ですね。

恋人同士でも「ＤＶを受けた」という人は約六人に一人います。女性は約四人に一人が暴力を受けたことがあります。男性も被害者がいます。

なぜ、親しい間柄で暴力が起こってしまうのでしょう。この原因について考える機会は学校の授業ではなかなかありません。このような事態を防ぐためにパートナーとの関係性について学ぶことが必要です。

配偶者からの暴力（DV）事案等の相談等件数（2023 年、警察庁生活安全局）

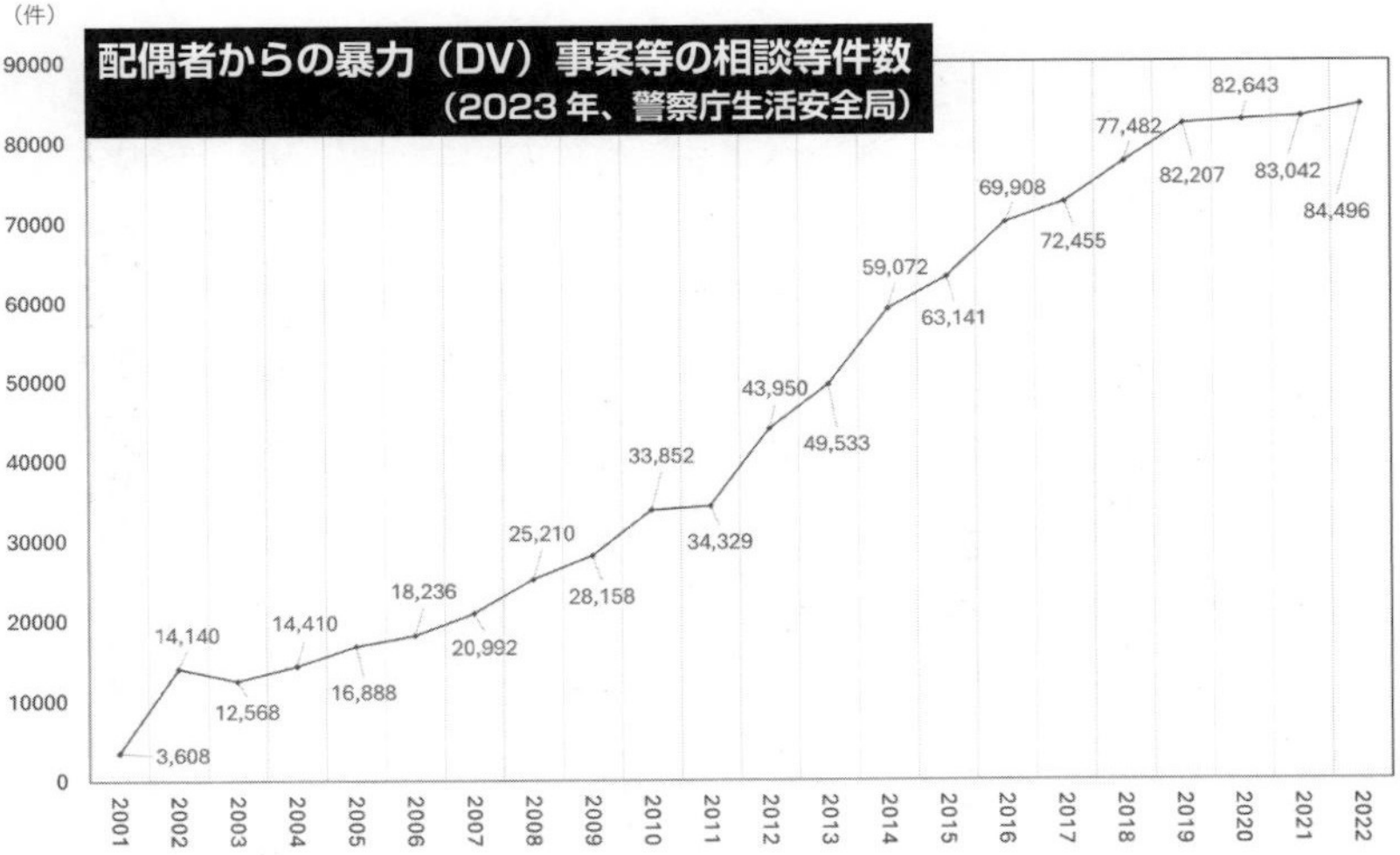

※配偶者からの身体に対する暴力又は生命等に対する脅迫を受けた被害者の相談等を受理した件数
※ 2011 年は、DV 防止法の施行日 (10/13) 以降の件数
※ 法改正を受け、2004/12/2 施行以降、離婚後に引き続き暴力を受けた事案について、2008/1/11 施行以降、生命等に対する脅迫を受けた事案について、また、2014/1/3 施行以降、生活の本拠を共にする交際 (婚姻関係における共同生活に類する共同生活を営んでいないものを除く) をする関係にある相手方からの暴力事案についても計上

交際相手からの暴力の被害経験（2024 年、内閣府男女共同参画局）

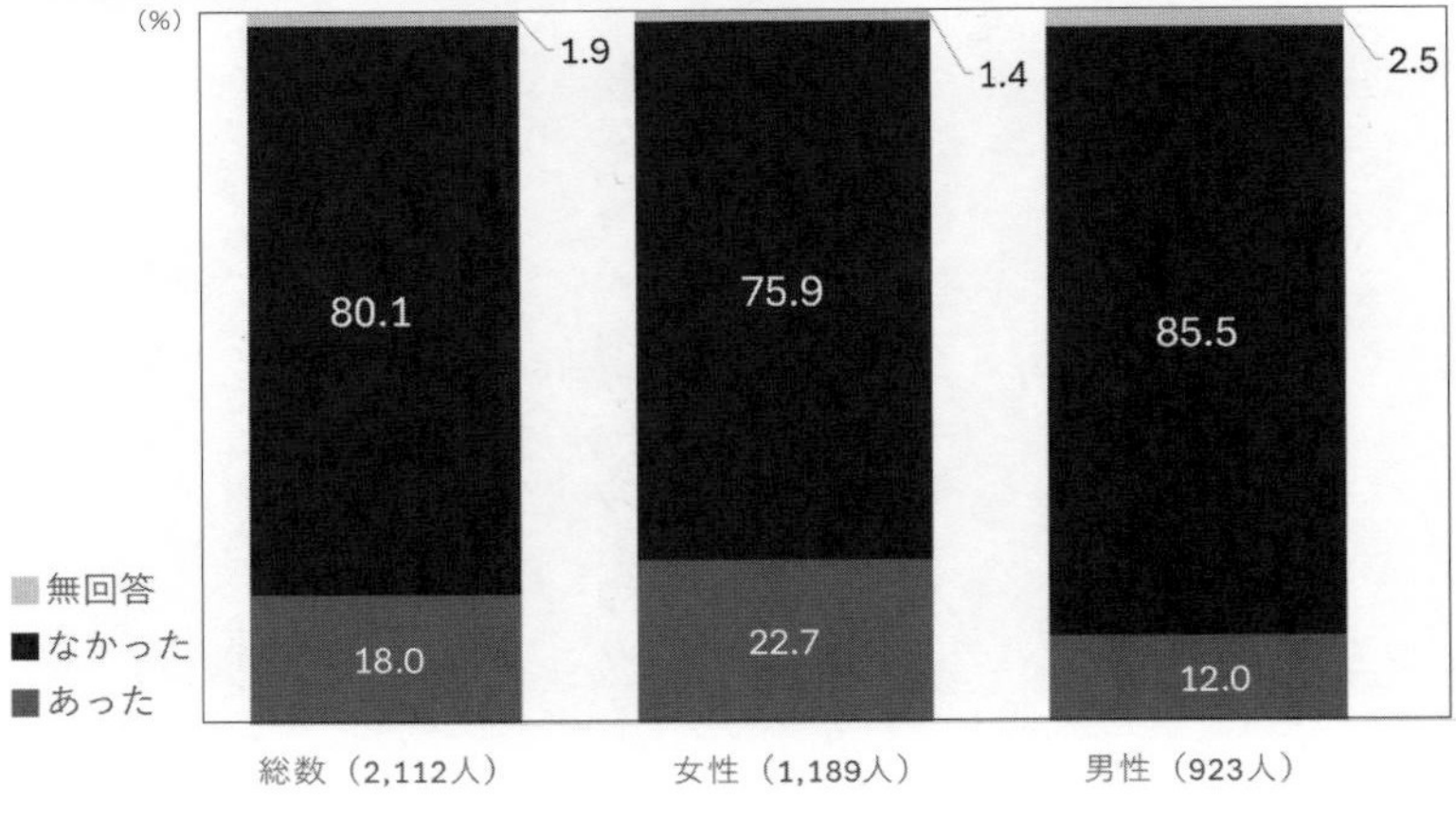

さあ、授業を始めるよ！

今からお話しする「性の話」は、東京都足立区のA中学校で行ってきた授業の一部です。受けてきた生徒たちの反応がよく、A中学校だけではもったいない、この時代に生きる子どもたちのために、絶対に必要な授業だと強く感じているので、皆さんにお話させてもらいます。

この授業は中学校三年間で計画的に行うことがとても重要です。A中学校の実践カリキュラムを簡単に紹介しましょう。授業創りで大切にしていることとして、次の四つをねらいとしています。これらはユネスコ（国際連合教育科学文化機関）やWHO（世界保健機関）らがつくった「国際セクシュアリティ教育ガイダンス」に示されている国際的な指針で、**包括的性教育**と呼ばれるものを目指しています。

一　性について科学的に知る。

二　性について率直に話し合い、自己のニーズを主張し、相談できる。

三　正確な情報と支援に基づいた性行動を選択し、関係性をつくる。

四 「性の学習」が人権の保障につながることを理解する。

内容や、授業を実施する学年は次のようになっています。

学年	学習テーマ	ねらい・内容	領域	時間
1学年	① 生命誕生	自分のルーツを科学的に、クイズやグループワークを取り入れながら学ぶ。	学活	1
	② 「女らしさ・男らしさ」を考える	社会的につくられた「女らしさ」「男らしさ」という枠組みについて生徒のアンケートを取り上げながらグループで考える。性の多様性についても学ぶ。	道徳	1
2学年	③ 多様な性	性の4つの側面を示しながら、性のあり様は多様であり、自分自身も他者も多様な性の中に位置付く対等な存在であることを学ぶ。	学活	2
3学年	④ 自分の性行動を考える ～避妊と人工妊娠中絶～	人間の性の特徴を知り、生徒の事前アンケート結果を用いながら正しい避妊方法、人工妊娠中絶の知識について習得し、中高生にとって性行動はどうあるべきかを考え合う。	学活	1
	⑤ 恋愛とデートＤＶ	デートＤＶとは何かを知り、身近な事例をあげながら、自分たちの問題として捉える。これまでの性の学習をふまえながら、対等で尊重し合える（恋愛）関係についての話し合い活動を取り入れる。	学活	2

※この他に、保健体育科の内容で一年生に「性機能の発達」「月経」「射精」「性と情報」、三年生に「性感染症」「ＨＩＶ／エイズ」の授業を行ってきました。

子どもの実態に応じながら授業を進めていきたいという思いがあり、ほとんどの授業で理解度や意識を確かめるためのアンケートを実施。また、仲間はどのように考えているのか、子どもたちはアンケート結果にとても関心をもつため、その結果をもとにしながら大学の先生たちと一緒に授業内容や進め方を考えることもありました。もちろん、授業が終わった後も感想を書いてもらって授業の反省をし、よりよい授業創りのために参考にさせてもらいました。

ときには、「自分には関係がない」「関心がない」と感じる子どももいます。全ての子どもに関心をもってもらい、楽しんでもらうために、クイズ大会やいろいろな意見交換をするグループワークも必ず行ってきました。親や先生といった大人ではない、仲間からの発言は結構胸に残るものです。

長い人生の間にはいろいろなことが起こるのが当たり前です。辛いこと、悲しいこともあります。悩んだとき、困ったときどうしたらよいか、いろいろな情報、支援があること、そんなことも含めながら、読者の皆さんにお伝えできたらと思います。

第2章

いのちのはじまりと誕生

はじまりは〇・二㎜

あなたはどうやってつくられたのでしょう。はじめに「あなたの誕生」について学んでみましょう。

あなたの始まりは、どのくらいの大きさで、どんな形をしていたでしょうか。実は〇・二㎜くらいの小さな小さな**受精卵**と言われるものでした。針でちょっとつついたくらいの、肉眼でやっと見える大きさです。あなたはこんなに小さかったんですよ。

受精卵は、多くの女性がもつ**卵子**と多くの男性がもつ**精子**が合体してつくられます。卵子は、からだの中で一番大きな細胞。精子は顕微鏡でしか見ることができない、からだの中で一番小さな細胞です。その精子と卵子が合体して受精卵がつくられます。

卵子は多くの女性がもつ**卵巣**《らんそう》というところでつくられます。おなかの中のおへその下あたりにあります。握りこぶしより小さいくらいです。図を見てください。中央にあるのが**子宮**で、あなたが育ったところです。その子宮は**膣**《ちつ》（ワギナ）という穴につながっています。女性の性器はからだの中にあって、見えにくいですね。**尿道**（おしっこをするところ）と、**肛門**（うんちをするところ）の間にある穴が膣というところです。

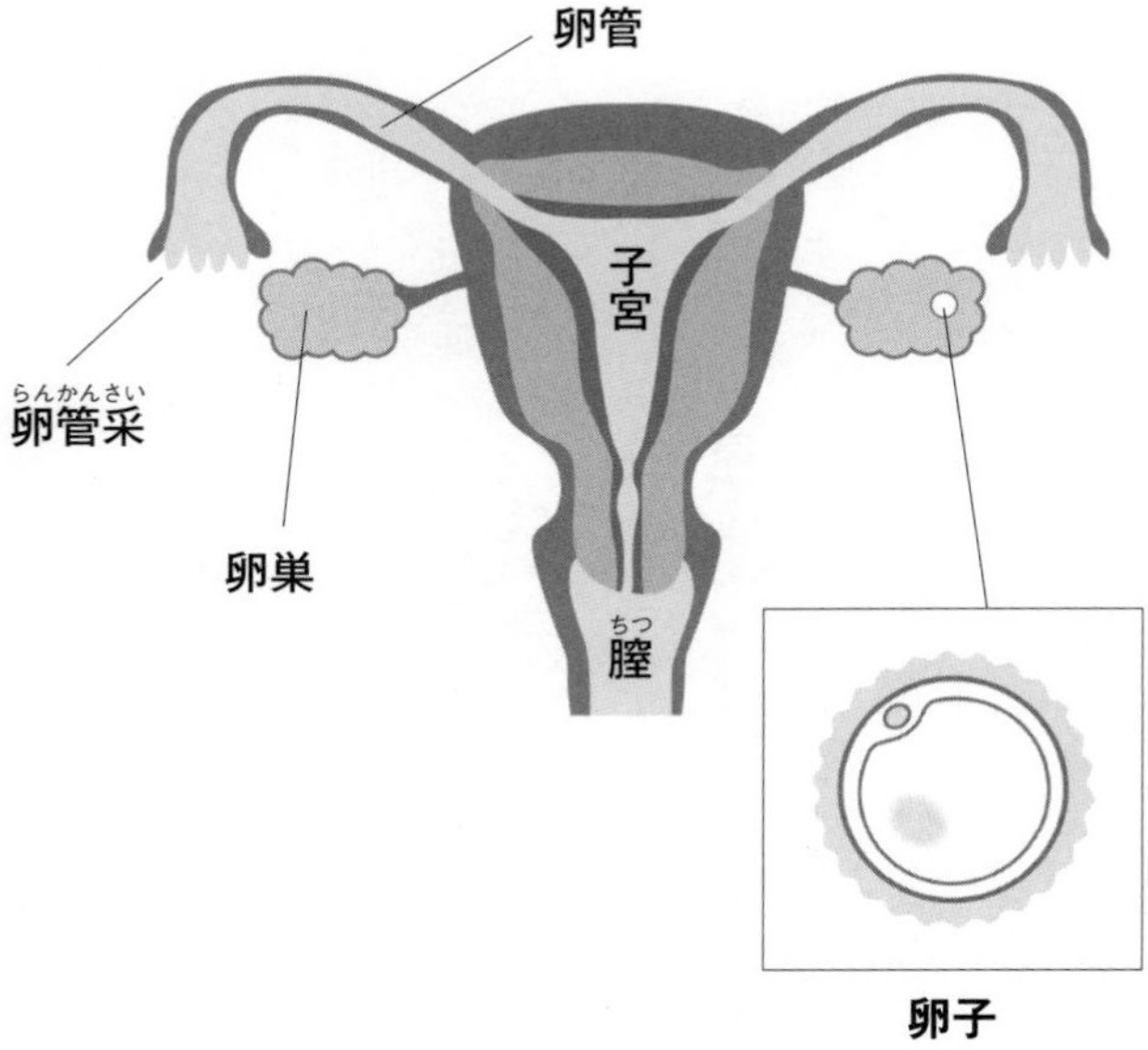

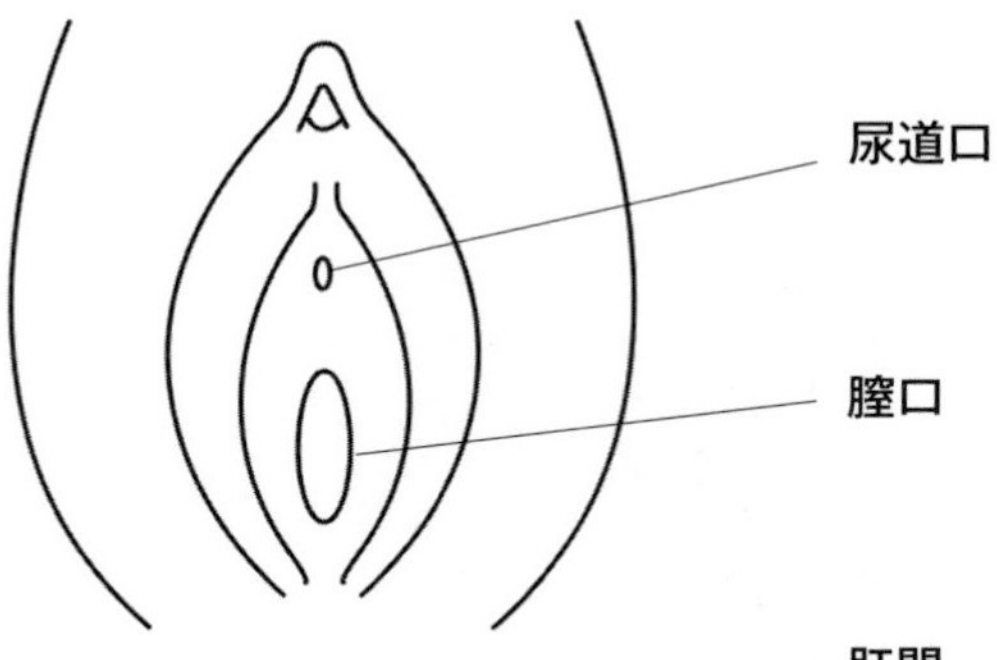

子宮の左右にぶらさがっているのは卵巣です。卵巣は卵子を育てるところです。大人になると、約一カ月に一回、育った卵子がこの卵巣から飛び出します。これを排卵と言います。外に出ると、卵巣の外にある手のような**卵管采**《らんかんさい》がキャッチします。卵子自体は動くことができませんが、繊毛《せんもう》（細かい毛のような組織）によって卵管に送られていきます。

　これは男性の性器です。男性は外にあるので分かりやすいですね。ホースのようなところは**陰茎**《いんけい》（ペニス）といいます。その後ろにあるコリっとした玉のようなものが**精巣**で、男性は大人になるとここで一日七千万の精子がつくられるようになります。

　卵子と精子は、空気に触れると消滅してしまいます。確実に精子を卵子のもとに届けるためには、陰茎（ペニス）を膣（ワギナ）に入れて、女性のからだの中で

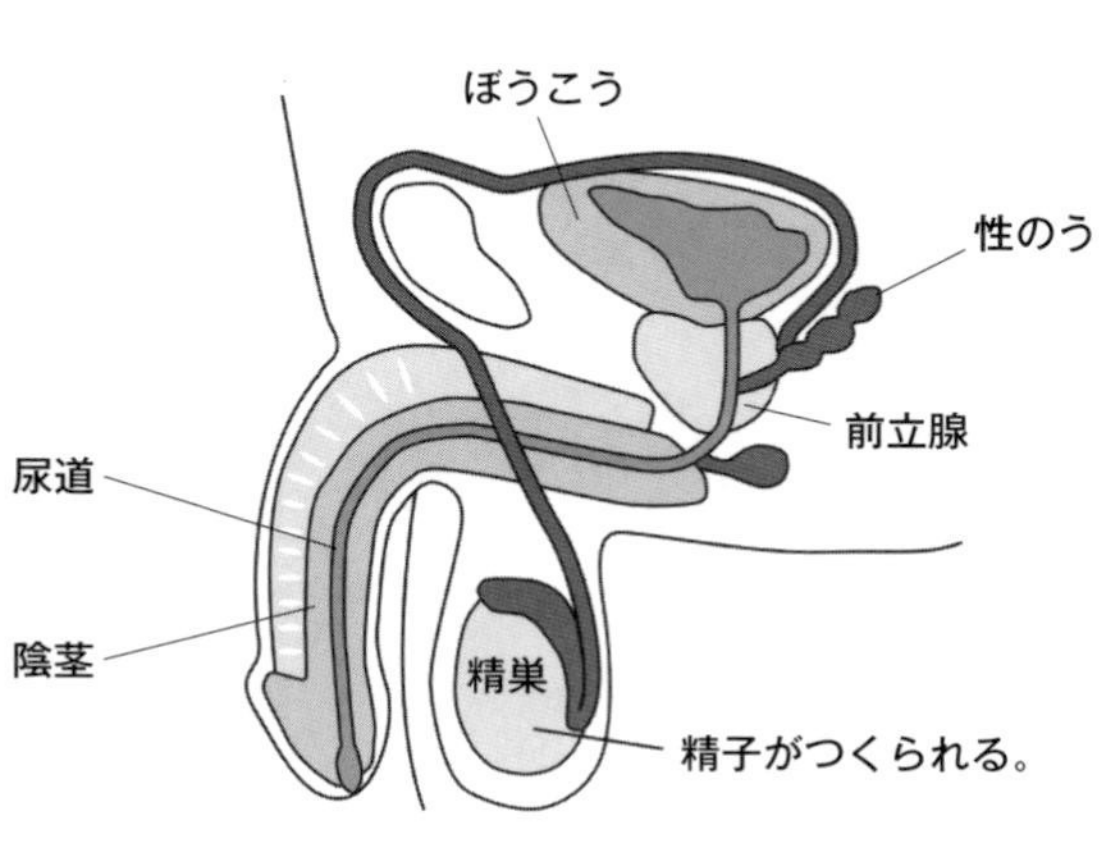

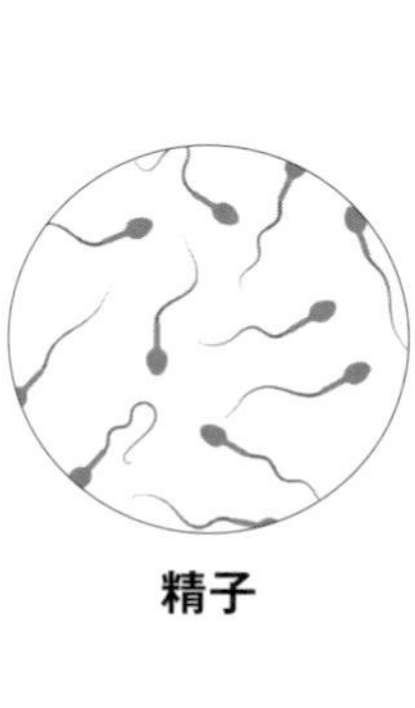

精子

精子を出す、つまり**射精**をするわけですね。これを**性交**といいます。射精については、第四章で詳しく説明します。出された精子は約二億〜三億とものすごい数です。べん毛と言って尻尾のようなものがついていて自分で移動することができます。

　人間のからだは、自分と違うものがからだの中に入ると、白血球が「これは敵だ」と認識し、やっつける力をもっています。精子も例外ではありません。子宮の入り口で、たくさんの精子が消滅し、子宮にいけるのは数十万個以下と言われています。この図では、右側に卵子があります。左側に行った精子は卵子のところに行けずに消滅しますね。卵子は二十四時間、精子は三〜五日経つと、消えてしまいます。

　なんとか卵子のもとにたどり着く精子は二億〜三億のうち、出される量にもよりますが、わずか数百と言

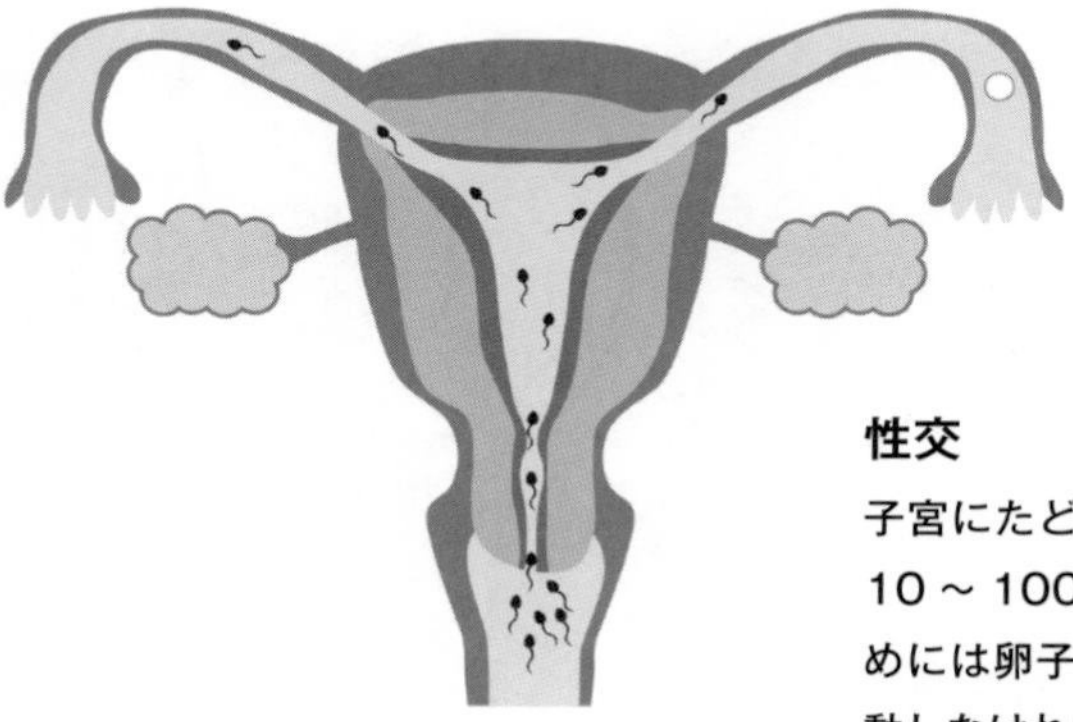

性交

子宮にたどり着くのは、全体の10〜100分の1。受精するためには卵子のいる方の卵管へ移動しなければなりません。

われています。卵子にたどり着いた精子は酵素という物質を出して、卵子の膜をとかそうとします。卵子の中に入れるのは、たった一つの精子です。卵子に精子が入ることを、**受精**と言います。

この偶然入った精子の頭や卵子の中には、遺伝子が入っています。ＤＮＡとも言われます。精子はべん毛を切り取り、ＤＮＡを卵子の中で出し、卵子のＤＮＡと合体するわけです。「口元がお父さんに似ている」「目がお母さんに似ているね」などと言われることがあるのは、両親のＤＮＡをもっているからです。もし酵素を一緒に出していたとなりの精子が卵子に入っていたら、あなたは今のあなたでなかったかもしれませんね。

卵子に精子が一つ入ったら、卵子の膜は固く閉ざし、他の精子は入れず、消えていきます。

受精

精子が１つ入った瞬間に、卵子は膜を閉ざして、他の精子が入れないようにします。

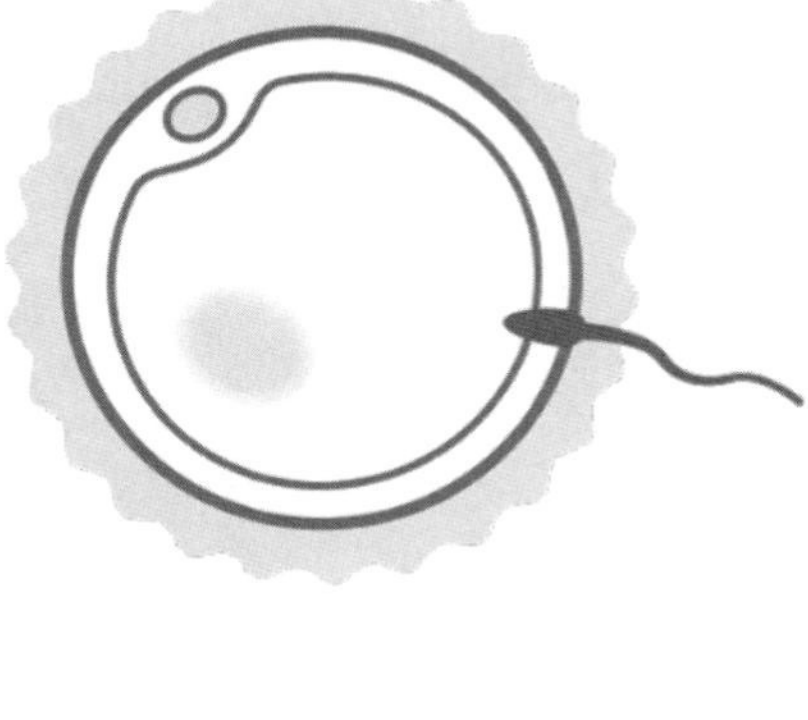

双子ってどうやってできるの？

よく中学生から質問を受ける、双子についてお話しします。

一卵性双生児は、卵子と精子が合体してから受精卵が二つにわかれたので、ＤＮＡが同じです。一つの受精卵からわかれたので見た目も似ていて、同性どうしの組み合わせになります。二卵性双生児は、たまたま二つ排卵された卵子にそれぞれ精子が合体したので、少しＤＮＡが違います。一卵性双生児ほど似ていなくて、性別が違う場合もあります。

双子の確率は百分の一です。

二卵性双生児

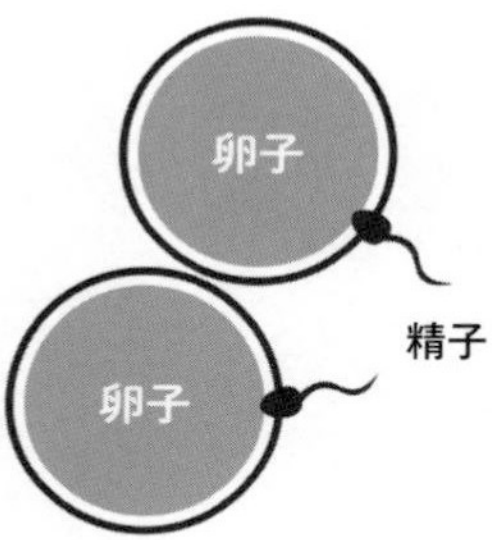

2つの卵子にそれぞれ異なる精子が受精。
性別・血液型は同じ場合もあるが異なることも。

一卵性双生児

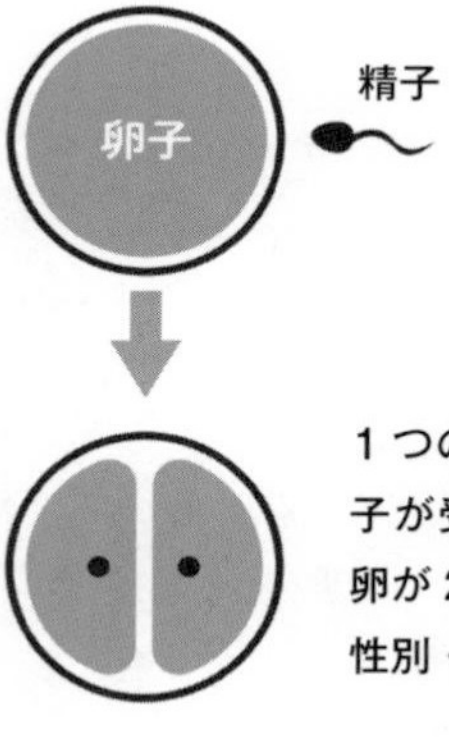

1つの卵子に1つの精子が受精し、その受精卵が2つにわかれる。
性別・血液型は同じ。

妊娠ってどういうしくみなの？

受精卵はどのように成長していくのでしょう。どんどん細胞分裂をくり返していきます。二つから四つ、四つから八つ……こうやって細胞を増やしていきます。成長した大人の細胞は、約三十七兆個あります。人間のからだは細胞でできているんですね。生きている間、ずっと人間は細胞分裂をくり返しています。

細胞分裂をくり返しながら受精卵は約一週間かけて子宮に降りてきます。受精卵自体は動けないので、卵管の繊毛に誘導されて、子宮に到着します。そして子宮内膜にもぐりこむのです。これを**着床**と言います。全ての受精卵が着床できるわけではありません。着床できる確率は、年齢にもよりますが約四十～五十％、三十歳までは約五十％です。あなたは着床したから、今ここに存在しているのですよ。

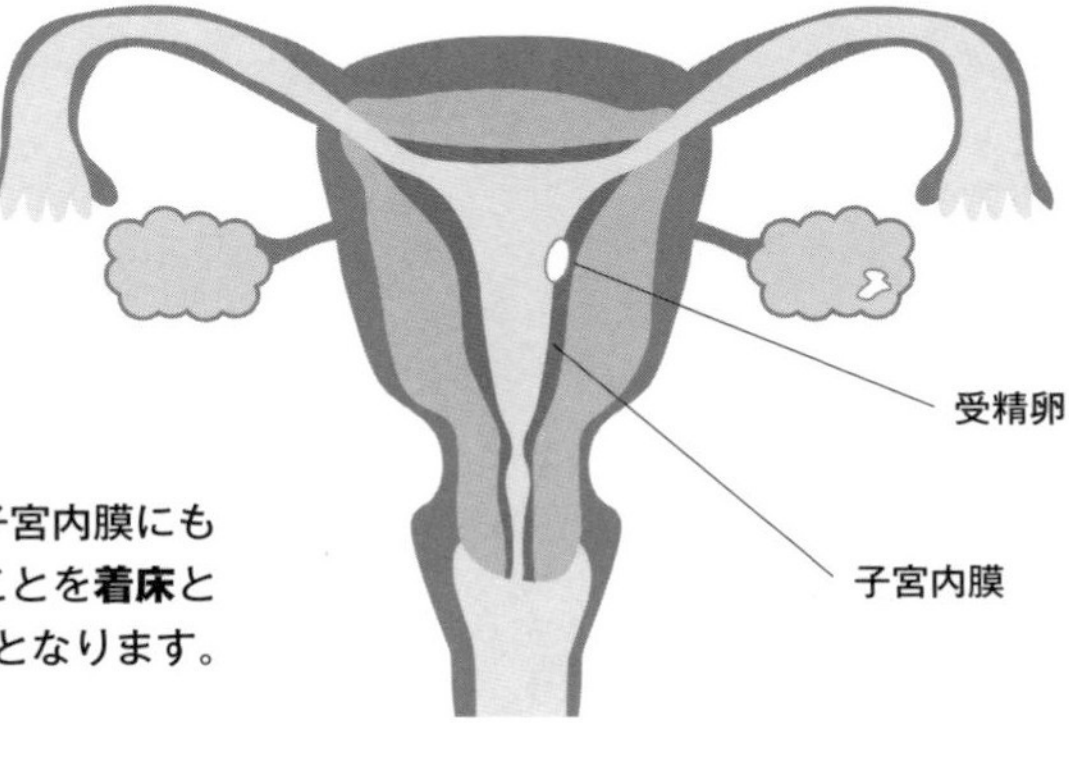

受精卵が子宮内膜にもぐりこむことを**着床**と言い、**妊娠**となります。

着床したことを、**妊娠**と言います。

いろいろな理由から、どうしても精子と卵子が合体できないという人もいます。でも今は医療がとても進歩しているので、精子と卵子を取り出して、医学の力で受精させ、子宮に戻すような技術もあります。このように、お医者さんが妊娠に力を借すことを生殖補助医療と言います。このような方法で妊娠することは今では一般的で、二〇二一年には十二人に一人が生殖補助医療によって生まれてきています（厚生労働省発表）。今は少子化問題を解決する一つの策として、国はこの医療にたくさんの補助金を出しています。

羊水の中で「生きるトレーニング」

着床したあなたは母体の中でどんどん大きくなっていきます。妊娠八週目までを胎芽《たいが》と呼びます。ここまでの間に、人間が備える内臓器官はほぼ確立されています。八週目以降は**胎児**と呼ばれます。母体から栄養や酸素を受け取るための**胎盤**もつくられてきます。胎盤が完成するのは妊娠十五週目くらいです。

胎盤と胎児をつなぐ細長いホースのようなものは**へその緒**または**臍帯**《さいたい》と言います。

ここから、クイズを出します。考えてみてくださいね。

クイズ1　へその緒に流れている血液は、誰の血液でしょう。

1 あなたの血液　**2** 母親の血液　**3** 混ざっている

さあ、どれが正解か分かります？

答えは1の「あなたの血液」です。

あなたの血液と母親の血液とは絶対に交わりません。だって、お母さんと血液型が違う人も多くいますよね。

おなかの中にいるときのあなたは口で呼吸はしませんから、胎盤から必要な酸素や栄養を、へその緒の動脈で吸い取っています。いらなくなったものは、静脈で渡して、母親に吸い取ってもらっています。

ということは、あなたは母体とは違う存在なのです。よく「母子は一心同体」という言葉を聞きますが、実は一心同体ではありません。胎児に協力はできても、母親にとっては、自分と違う存在がおなかの中にいるということです。例えば、まだ充分解明されていませんが、妊娠初期にある**つわり**は、母親の「からだの拒否反応」とも言われています。

つまり、あなたは母親のものではありません。だから人間って、「自立」が求められるのですね。

それでは次のクイズです。

クイズ2　あなたは長い期間、羊水《ようすい》の中で過ごしてきました。羊水の中で、あなたは何をしてきたでしょう。

1　おしっこをしていた
2　うんちをしていた
3　羊水を飲んでいた

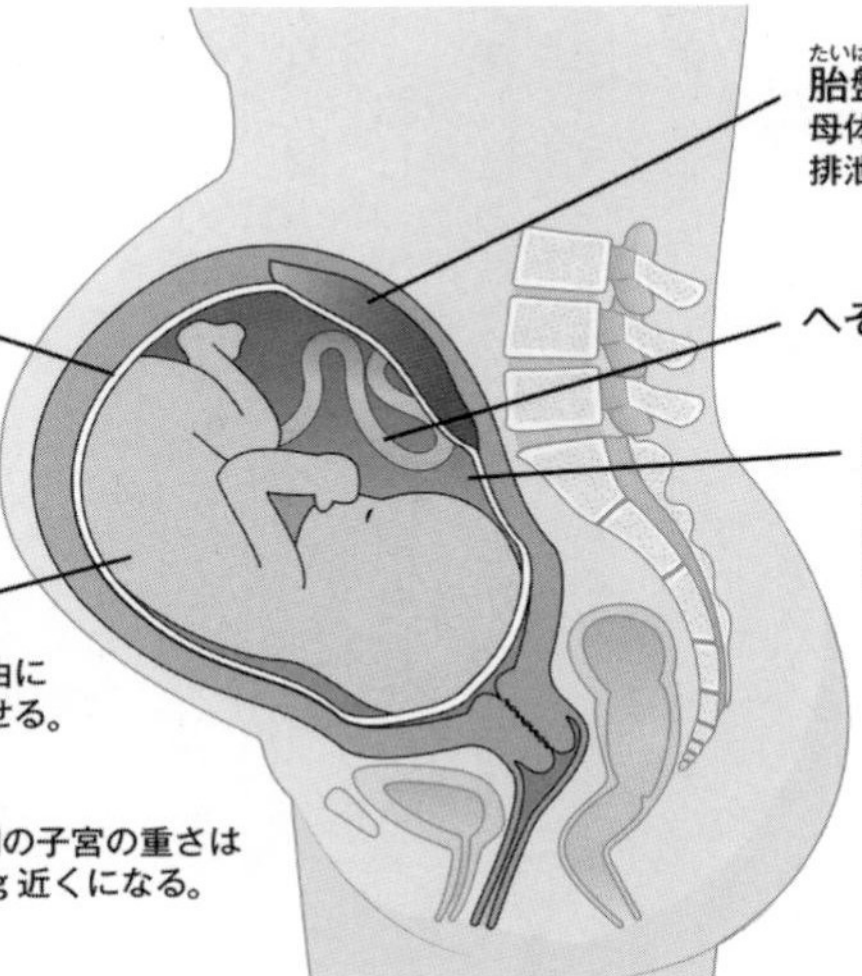
胎盤《たいばん》
母体を通じて、酸素・栄養・排泄物などの交換をする。
羊膜
へその緒（臍帯《さいたい》）
羊水
胎児を一定の温度に保ち、外部の衝撃から守ったり、出産を助ける役割をする。
胎児は
羊水の中で自由に
からだを動かせる。
臨月期の子宮の重さは
4.5kg 近くになる。

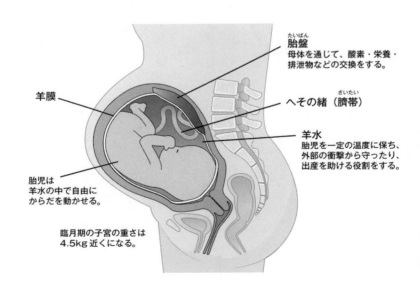

答えは1と3です。

あなたは羊水を飲み、おしっこをしてきたのです。胎児とはいえ、はがれ落ちた皮膚や抜ける髪の毛があり、だんだん羊水が濁ってきます。だから、あなたは羊水をゴクンと飲み、腸でこしてきれいなおしっこを出して、自分で自分の環境を整えてきたんですね。元来、人間はきれい好きなのでしょうか。今のあなたはどうですか?

また、外に出たときのために、ゴクンと飲む練習や、おしっこをする練習もしているわけです。うんちをする場合もあるそうですが、羊水がねばねばになるなど状態が悪くなったり、飲み込んで肺につまってしまう場合にはお医者さんが必要になります。また、時々指を吸う胎児もいます。どうして吸っているのでしょう? そう、生まれたとき、おっぱいを飲むためですね。赤ちゃんのおっぱいを吸う力って結構強いんですよ。

だから、胎内にいたあなたは、ただ寝ているだけでなく、まさに世の中に出るための「生きるトレーニング」をしていたんですよ。

工夫しながら生まれ出る瞬間

約二百八十日間、約三千gに育ち、胎内でトレーニングを積んできたあなたは、そろそろ生まれる準備を始めます。出口の道である産道に向けて頭を下にもっていきます。膣（ワギナ）から出るのです。胎児は頭が大きいので、頭、肩が出ればスルスルっと出ていくことができます。反対に頭が上にある場合は逆子《さかご》と言います。逆子だと、うまく出られず、危険な場合もあるので、帝王切開といってお腹を切って出す場合もあります。そうやって生まれてきた人もいますよね。

そろそろ生まれ出たいと、あなたはホルモンを出して、母体に合図を送ります。この合図で起こるのが陣痛です。膣の奥の出口である子宮口はふだん一㎜くらいですが、どんどん開いていきます。何時間、何日もかかる場合があります。母体の方も痛いのですが、狭いところから生まれようとするあなたもかなり苦しかったでしょうね。今は無痛分娩と言って、母体の痛みを和らげる方法もあります。

さあ、いよいよ出産です。この出産、実はあなたは母体から出るために、いろいろな工夫をしてきました。母親のいきみに助けられながら、子宮口をどんどん広くしていきます。赤ちゃんの頭囲は約三十三㎝くらい。そのためには直径十㎝くらいの出口でなければ出ることができません。出るために、まず破水といって羊水を流します。スルスルっと出るための潤滑油にもなります。あなたは子宮口から、複雑な母体の骨盤をうまく潜り抜けながら産道を伝わって出てきました。

実はここでもあなたはすごいことをしてきたんですよ。狭い通り道（産道）ですから、酸欠に備えてあなたの赤血球（酸素を運ぶ役割）は大人より多い状態になっています。また、大きな頭から出るために、頭蓋骨を重ね合わせて小さくしています。だから、生まれたばかりの赤ちゃんの頭ってぺこぺこしているんですよ。頭から肩が通過するとき、肺に

複雑な骨盤や産道を通るために、頭や体の向きを変えることを回旋運動と言います。

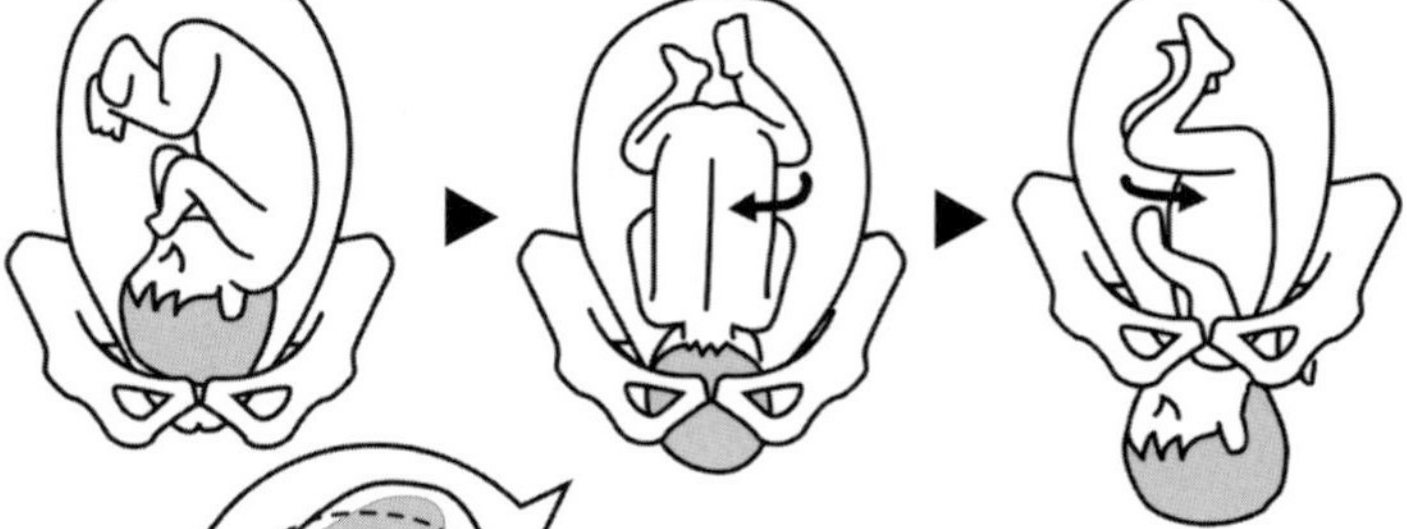

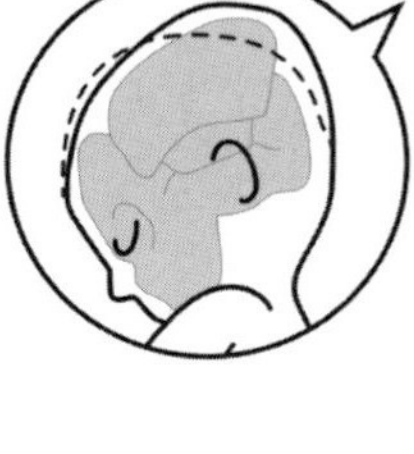

狭い産道を通るとき、胎児は頭蓋骨を重ねて、頭を小さくして出てくる。

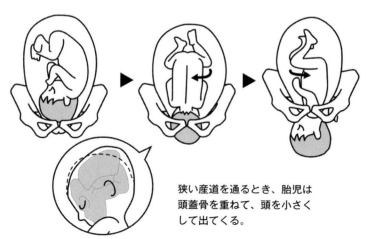

入っていた水を口から出し、初めて肺で呼吸をします。「おぎゃあ、おぎゃあ」という産声は、生きている証でもあります。

でも、うまく生まれてこれず、亡くなる赤ちゃんもいます。亡くなるお母さんもいます。生まれた後も、体調がよくなるまで保育器で過ごす赤ちゃんもいます。

あなたもみんなも大切にされる存在

生まれたばかりのあなたは羊水の中にいたから、全身がしわしわです。口で呼吸をしているのでいらなくなったへその緒はハサミで切ります。神経が通っていないので、切っても痛くありません。

さあ、一人の人間としてのスタートです。

あなたのやることとは、おっぱいを飲むこと。胎内でやってきたゴクンとする練習が役に立っていますね。寝ること、泣くこと。そして生まれてすぐ、うんちもします。何も食べていないのにどうしてうんちをするのでしょう。ほらほら、胎内にいたときに羊水を飲んで腸でこしてきれいなおしっこをしたと言いましたよね。そのとき腸に残ったカスを出すのです。胎便《たいべん》と言います。うまくできていますね。

母体のなかで生きるトレーニングを積み、生きる力をもって生まれてきたあなたは、大切にされなければならない存在です。子どもは「守られて育つ」のですね。それはあなただけでなく、学校の仲間も、家族も、目の色や肌の色が違う人、ハンディキャップがある人、地球にいる人はみんな同じです。

生まれてきた子どもは「生きる権利」があり、「育つ権利」があります。そして「自分のからだを守る権利」があります。戦争や紛争で、子どもが殺されるなんていうことは、絶対にあってはならないことですね。

あなたは誰に守られてきたでしょう。「家族」と答える人が多いでしょうか。では家族って何でしょう。

いろいろな家族の形がありますね。お母さん、お父さんと一緒に生活している人、お母さんだけ、お父さんだけの人もいます。祖父母や同性カップルに育てられた人もいます。そしていろいろな事情があり、施設で育っている人もいるかもしれません。また、DNAが違う家族と一緒に過ごしている人もいるかもしれません。でも、共通していることは、あなたは誰かしらに抱っこされ、大切にされたから、今ここに存在しているんです。あなたにとって居心地がよく、大切にされ、守られていると感じられる。それが家族なのではないでしょうか。

第3章

いろいろな性のあり方

性を成り立たせる四つの要素

　ここでは人間の性について考えてみましょう。

　ここに二人のイラストがあります。「勉強のために服を脱いでもらえませんか？」とお願いしたら、二人が「いいよ」と言ってくれたので、裸になってもらいました。性器の形が違います。どちらが男の子で、どちらが女の子でしょうか？

　正解は「分からない」です。「ええ!?」と驚いた人が多いかもしれません。実は人間の性というのは、単純に男と女、二つにわけることはできないのです。

　人間の性は四つの要素から成り立っています。**性自認、からだの特徴、表現する性、性的指向**の四つです。

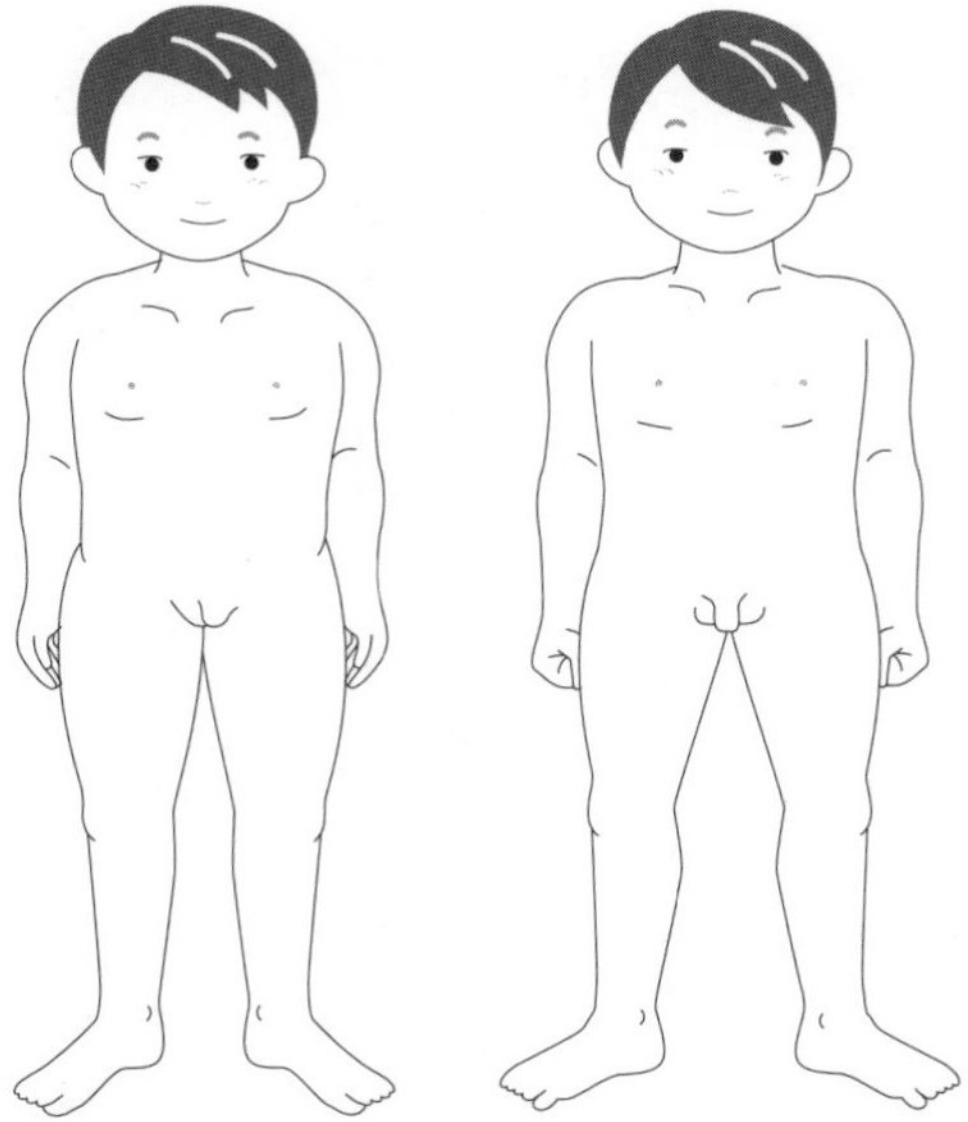

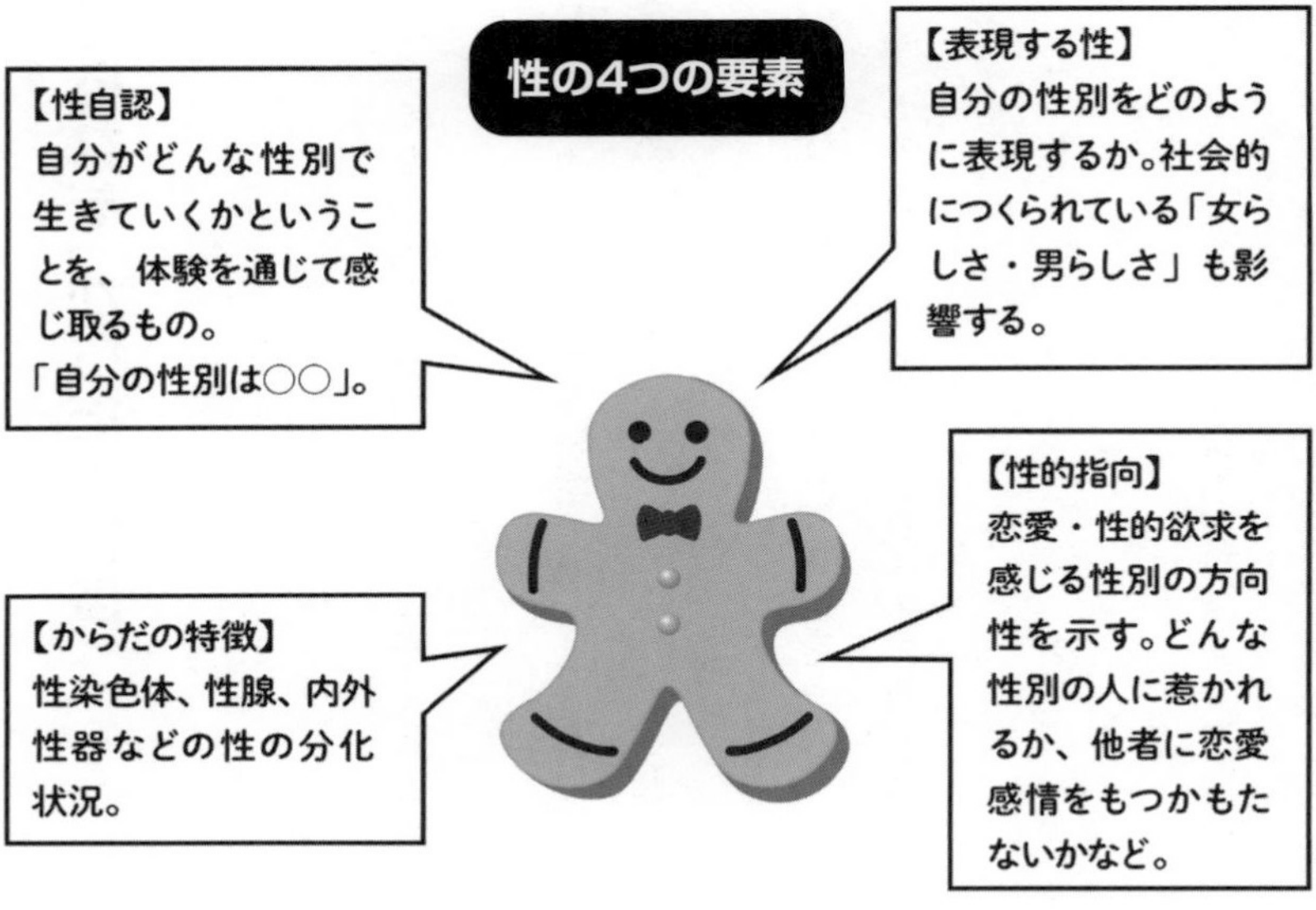

性の4つの要素
【性自認】

自分がどんな性別で生きていくかということを、体験を通じて感じ取るもの。

「自分の性別は○○」。

【表現する性】

自分の性別をどのように表現するか。社会的につくられている「女らしさ・男らしさ」も影響する。

【からだの特徴】

性染色体、性腺、内外性器などの性の分化状況。

【性的指向】

恋愛・性的欲求を感じる性別の方向性を示す。どんな性別の人に惹かれるか、他者に恋愛感情をもつかもたないかなど。


樋上典子他編『実践包括的性教育』（2022 年、エイデル研究所）を参考に一部改訂

「性自認」と生まれたときに割り当てられた「からだの特徴」

あなたの性別は何ですか？　口に出さなくてよいので、頭の中で考えてください。今、あなたの頭に浮かんだもの、これを**性自認**と言い、あなたが生きるにあたっての土台になるものです。「女」「男」「分からない」「決めたくない」。いろいろな答えがあると思います。

からだの特徴はからだの性とも言い、生まれたときの見た目の特徴、多くの場合は、性器の形で判断されています。役所に出生届を出すので「生まれたときに割り当てられた性」「法律上の性」ともいいます。

からだの特徴は性染色体にある遺伝子やその受容体、ホルモンなどの影響をうけて分化していきますが、性染色体の組み合わせも、XXやXXX、XO、XYの女性、XYやXXY、XYYの男性など、非常に多様です。

先ほどイラストを見ましたが「こっちが男、こっちが女」というように、簡単に二つにわけられるものでもありません。

胎児がお母さんのおなかの中にいる受精五週目ぐらいまでは、性器の形は基本的に女性型です。五週目以降、遺伝子やホルモンの関係によってさまざまな性器の形に発達します。生まれたときに、外性器（外側から見える性器）で男女と判定されても月経、射精の発現の仕方が違う場合もあります。女性も男性も多様だということを理解しましょう。

国際的なスポーツの現場で女性だけに行われる性別確認検査について、議論になっています。血中のテストステロン値の検査の結果、女性が女性でないと判断され、メダルや今後の競技人生を剝奪されてしまうことがあるのです。からだのさまざまな発達があっていいのではと、この性別確認検査のあり方を見直す時期にきているのかもしれません。

「からだの特徴」と違う性で生きる

生まれたときに割り当てられた性、法律上の性とは違う性で生きる人たちもいます。例えば、男性のからだの特徴で、法律上男性と記載される人が、女性として生きる。また、女性のからだの特徴で、男性として生きる。このように性自認とからだの性が異なる人を**トランスジェンダー**と言います。

よく「性同一性障害」と言う人もいますが、これはからだを性自認に合わせたい人が性別適合手術を受ける際に必要となる診断名です。世界中に健康に関する情報を流すWHO（世界保健機関）では、性同一性障害をこれまで「精神障害」の分類としていましたが、二〇一九年から「性別不合」とし、「障害」の枠から外しました。日本も今後は「性同一性障害」という言葉がなくなっていくと思います。

ここで、ちょっと考えてほしいことがあります。日本は、二〇〇三年、次の五つの事項が該当すれば、戸籍の記載を変更することができるという「性同一性障害者の性別の取り扱いの特例に関する法律」をつくりました。

一　十八歳以上であること。
二　現に婚姻をしていないこと。
三　現に未成年の子がいないこと。
四　生殖腺がないこと又は生殖腺の機能を永続的に欠く状態にあること。
五　その身体について他の性別に係る身体の性器に係る部分に近似する外観を備えていること。

これを見て、皆さん、どう思いますか？

これはトランスジェンダーの人々への偏見を助長していると言われています。そもそも病気として捉えること、離婚を強要している、どうしても性別を変えたいならからだを変えろと生体を傷つけさせること、この五要件は全て国際人権義務に反しており人権侵害だとWHOから指摘されています。二〇二三年十月、生殖能力をなくす手術を受ける必要があるとする法律の要件について、最高裁判所は「手術の強制は重大な人権侵害で憲法違反だ」と判断し、国会は法律の見直しを迫られることになりました。この動きを見守っていきたいですね。

残念ながら、トランスジェンダーに対する偏見差別はまだたくさんあります。「女性のスペースに性別適合手術を受けていないトランス女性（男性のからだの特徴で、女性として生きる人）が来たら、痴漢と見分けがつかない」という差別的な発言があります。

トランス女性は急に明日から女性になろうと思ったのではなく、ずっと長い期間、自分の性自認に悩み続けてきている人が多いのです。私も多くのトランスジェンダーの友達がいます。日常の生活の中で、どれだけ気を使いながらトイレや入浴について考えているか。それを知っているだけに排除しようとする言葉は大変腹が立ちました。フィンランドなど、セクシュアリティ教育が進んでいる国では男女別ではなく、全て個室といったトイレもあります。それもしっかりした間仕切りになっています。これだったら、誰もが安心してトイレに入れますね。

トランスジェンダーはあなたの隣にいるのが当然。誰もが過ごしやすい世の中をつくるためにどうしたらよいかを考え、実行していくことが若いあなたたちに求められています。

では、生まれたときに割り当てられた性別と同じ性で生きることを何と言うでしょう。例えば、男性のからだの特徴をもち、男性として生きる。女性のからだの特徴をもち、女性として生きるという場合です。「普通」とか「ノーマル」と答えた人がいるのでは？　実はしっかり名前があるんですよ。**シスジェンダー**と言います。この言葉はトランスジェンダーより知らない人が多いのではないでしょうか。この本を読む皆さんの中には、性自認とからだが一致する、このシスジェンダーという人が多いと思います。シスジェンダーの言葉を知らないのは、知らなくても生きていられるくらい、この世の中がシスジェンダー中心になっているからです。この社会は、生まれたときに割り当てられた性のまま生きていくものだという思い込みがあるので、トランスジェンダーの人々にとっては、とても生きにくい面があります。

　また、性自認がトランスジェンダー、シスジェンダーにははっきり当てはまらない、当てはめたくない人を表す**ノンバイナリー**という言葉もあります。もちろん揺れている人もいます。このように人間の性というのは非常にあいまいで多様なのです。

「女のくせに」「男なのに」というプレッシャー

　四つの要素のうちの三つ目、**表現する性**は「社会的な性」とも言われます。生きてきた中で「男はこう」「女はこうだ」と「社会的につくられた性」とも言われています。皆さんは「女の子だから～」「男の子だから～」「女のくせに～」「男のくせに～」と言われた経験がありますか？

　中学生に「「女（男）なんだから」「男（女）のくせに」と言われてどう思った？　どんなことを言われたことがある？」とアンケートをとったところ、たくさんの回答が集まりました。女子の回答が圧倒的に多かったです。

　一部を紹介すると、「女のくせに部屋が汚い」「男のくせに力が弱い」「女なんだから暴力振るうな」「男なのに背が低い」「男なんだから泣くな」「女のくせに野球やってる」

「女だから保育士になりなよ」「男なんだからリーダーシップをとれ」などです。

言われた相手としては、父母、祖父母、学校の先生も多いです。友達から、またテレビやネットという回答もありました。

さあ、考えてみましょう。「女のくせに部屋が汚い」、では男は部屋が汚くてよいのでしょうか。男性だってきれい好きな人はいますよね。性別にかかわらず、整理整頓や掃除ができるのが理想ですね。

「男のくせに力が弱い」、男は力があると思い込み、男性みんながそうと思うのはナンセンスですね。「女なんだから暴力振るうな」、男だったら暴力を振るってもよいのでしょうか。だめですよね。

中には「男は喧嘩くらいできなきゃだめだ」と言われ、納得していた男子もいました。これを励ましと捉える人もいますが、男は攻撃的であるべきという考えが刷りこまれていくわけです。その考えが強いと、恋人や夫婦間のＤＶ（暴力）につながる恐れもあります。これについては第六章でお話ししますね。

「男なのに背が低い」、人のからだの悪口やからかいは人として恥ずかしい行為です。これはまさに誰もがもっている幸せになれる権利、いのちを守る権利を脅かす行為であり、「人権侵害」と言われるものです。

「男なんだから泣くな」、これも励ましのように聞こえますが、実は気付きにくいプレッシャーでもあります。男だから強くなければならないという重圧は、男性の過労死や自殺率の高さに通じているのではと危ぶむ声もあります。もっとゆったり生きたいと思っても、それを許さない社会のありかたも問題なのだと思います。

スポーツの世界と性差別

「女のくせに野球をやっている」、この言葉、どう思いますか。

以前は野球やサッカー、ラグビーなどは男性がやるものというイメージが強かったですが、今は女性チームも盛んです。

春と夏に行われる高校野球の甲子園（全国高等学校野球選手権大会）の参加者規定には「その学校に在学する男子生徒で、高等学校野球連盟に登録されている部員」とはっきり書かれ、女性は出場できません。マネージャーや記録員は女子ＯＫとなっています。

二〇一六年の大会で、女性のマネージャーがグラウンドで監督のノック練習を手伝ったところ、大会関係者に「女性であるあなたはグラウンドに入ってはいけません」と言われてしまいました。これについて、見直すべきだという声が上がり、二〇二二年夏の大会から、女子もグラウンドに入ることを許可されました。このように考え直そうという動きが少しずつ出てきています。二〇二一年、全国女子高校野球の決勝戦が甲子園で行われたことも、ニュースになっていました。

女性のイメージの強かった新体操やアーティスティックスイミングなどを楽しむ男性も増えています。何よりもスポーツだけでなく、自分の好きなことをやるのが大切ですよね。

オリンピックの世界でも、一八九六年に始まる近代オリンピックでは女性禁制でしたが、一九〇〇年の第二回近代オリンピックから女性が参加しました。千六十六人の選手中、女性アスリートはたった十二人でした。種目はゴルフとテニスの二つのみ。日本の女性が参加したのは九十六年前の一九二八年です。人見絹枝さんが日本女子で初めてオリンピックに参加し、陸上競技でメダルを取ったのはご存じでしょう。でもこの頃の日本は女性がスポーツなんてとんでもないという考えが根深かったのです。若くして亡くなったのですが、人見さんは競技だけではなく、女性アスリートを広げる活動も積極的にやっていました。こういう人がいたから今があり、二〇二一年の東京オリンピックでは女性の選手の割合が四十九％で、過去最大でした。少しずつ変わってきているのがよく分かります。

オリンピック憲章には「人種、肌の色、性別、性的指向、言語、宗教、政治的またはその他の意見、国、あるいは社会的な出身、財産、出自やその他の身分などの理由によるいかなる種類の差別も受けることなく」と明記されています。これは選手だけでなく、開催する国、地域、そして応援する人たちみんなが同じ気持ちになってオリンピックを開催するという意味です。東京オリンピックでは「多様性を大切に」ということで、男女混合種目が増えました。柔道の混合団体やアーチェリー、トライアスロンなど、九種目が新たに採用されました。

しかし、国の実態としてはまだまだ男女の格差が大きく、同性婚も認めていません。それどころか、議員による性的少数者に対する失言や暴言がたくさんある状況であり、日本は課題が山積しています。

性別で好きな仕事を諦めたくない！

「女だから保育士になりなよ」という言葉、どうでしょうか。

職業選択については日本国内でもずっと議論が続いていて、一九八五年に男女雇用機会均等法ができました。これにはいろいろな規定があります。例えば「男性を十人募集します」という書き方は許されず「十人募集します」としなければならないと、法律で決められています。

ところが、実際には女性より男性を多く採用する会社もあります。なぜでしょう。女性は結婚して産休に入ったりやめたりする人もいるかもしれないという考え方がまだ根深くあるようです。また、男性の採用を拒みがちな職業もあります。

男女雇用機会均等法では、誰もがどんな職業にもつくことができると認めています。男性だけの職場だと思われがちなトラック運転手、大工、飛行機のパイロットなどに女性が増えてきています。保育園や幼稚園にも男性が増えてきました。昔は「保母」と呼ばれていた職業が「保育士」となり、「看護婦」は「看護師」と名称も変わりました。「助産婦」は「助産師」となりましたが、日本ではまだ男性の助産師が誕生するのは難しい現状にあるようです。産婦人科医には多くの男性がいます。助産師もそうであってほしいですね。

皆さんには自分を活かせる仕事をしてほしいと願っていますが、働く環境には他にも問題がたくさんあります。男女雇用機会均等法は人を雇用するときだけでなく、働きやすくするために、性別に関係なく対等、平等、ハラスメント（ひとの人権を侵害する行為）のない職場をつくりましょうという内容も含んでいます。

残念ながら、今の労働環境にはさまざまなハラスメントが存在します。ここでちょっと整理しましょう。

セクシュアルハラスメント

略してセクハラは、労働者の意に反する性的な言動をすることです。例えば「昇格させてあげるから付き合って」とか、「キスはいつしたの?」と人のプライバシーに踏み込むようなことを言うことも入ります。

パーソナルハラスメント

人の容姿や性格などプライベートな部分に文句を言ったり、いやがらせを言ったりすることです。例えば「太ってるんじゃない?」とか「性格悪いね」というものです。いやなあだ名をつけたり、クセをからかったりすれば、それもパーソナルハラスメントです。

マリッジハラスメント

「どうして結婚しないの？」「そんなのだから結婚できないんだよ」など、結婚に関するいやがらせを指します。

マタニティハラスメント

妊娠した女性に対するいやがらせです。

パタニティハラスメント

育児に参加しようとする男性に対するいやがらせです。

誰かの悪口を言ったり、からだのことでからかったり、いやがらせをしたりすれば、それは全てハラスメントです。これらのハラスメントは社会に出たときだけでなく、学校にいるときから気を付けていたいものです。あなたは大丈夫ですか？　もし、困ったことがあったら、身近な信頼できる大人に相談するとよいですね。

「男なんだからリーダーシップをとれ」、でも学校の中でも、職場の中でもリーダー格となっている女子もいて、性別に関係ありませんよね。

しかし、世界的にみると、どうでしょうか。経済・教育・保健・政治の四つの指標から、あなたの国は男女平等ができていますかという男女の格差を測る「ジェンダーギャップ指数」というのがあります。二〇二三年、日本は百四十六カ国中百二十五位と低く、G７（主要国首脳会議の日本、アメリカ、カナダ、フランス、イギリス、ドイツ、イタリア）の中ではずっと最下位にいます。経済的にも低いのですが、特に目立つのが政治的分野の低さです。日本では総理大臣になった女性はまだいませんし、大臣や議員における女性の比率も非常に低いのです。いろいろな法律をつくる場面に女性の意見を入れていくことは、とても大切なのではないでしょうか。

好きになる対象を示す「性的指向」

四つ目は**性的指向**についてです。簡単に言うと、恋愛や性的関心の対象となる性別の方向性です。

男性（性自認が男性）が男性を好きになる。または、女性（性自認が女性）が女性を好きになることを**ホモセクシュアル（同性愛）**といいます。

また、女性（性自認が女性）が男性を好きになる。男性（性自認が男性）が女性を好きになる。これを**ヘテロセクシュアル（異性愛）**と言います。この言葉があまり知られていないのは、先に挙げたシスジェンダーと同じで、異性愛の人にとっては言葉を知らなくても生きやすい世の中だからです。

性的指向を書き出してみると、**ヘテロセクシュアル**、**ホモセクシュアル**、**レズビアン**、**ゲイ**、**バイセクシュアル**、**パンセクシュアル**など、たくさんあります。

アセクシュアルは、他の人に対して性的欲求がない人。恋愛感情をもたない人は**アロマンティック**と言います。

クエスチョニングは、性自認や性的指向が分からない、決めたくない、揺れているという人。

恋愛についても一人ひとり違うわけです。異性を好きになるものという思い込みがあるかもしれません。一九九〇年、ＷＨＯは疾病に関する世界基準となるＩＣＤ（疾病、傷害及び死因の統計分類）から同性愛の項目を削除し、同性愛は精神病ではないと世界に宣言しました。

ここに挙げた言葉は一つ一つ覚えなくてよいのですが、「ホモ」「おかま」「オネエ」「レズ」などの言葉は、歴史的に差別語として使われてきた経緯があるため、皆さんに口にしてほしくないと思います。これまで知らなかったから使っていたことがあるかもしれません。これから気を付ければよいのです。「ホモ」ではなくて「ホモセクシュアル」、「レズ」ではなくて「レズビアン」と、まず省略せずに丁寧に使いましょう。

あなたもグラデーションの中の一人

多様な性のあり方を樹形図にしたものがあります（埼玉大学の渡辺大輔さん作成、六十六ページ）。一番上の段にあるのは「性自認が男性、からだの性（からだの特徴）は男性。好きになる人は男性」。これは男性のシスジェンダーでゲイ。二段目は、「性自認は男性、からだの性（からだの特徴）は男性。好きになるのは女性」。これは男性のシスジェンダーで異性愛の人です。

こう並べてみると、二十四通りあります。でも、これはあくまでも多様な性を知るうえで分かりやすくあらわしたものです。実はこれだけでなくて、境目の人やあいまいな

多様な性の樹形図

FtM：Female to Maleの略（出生時の女性ではなく、男性として生きる人／トランスジェンダー男性）
MtF：Male to Femaleの略（出生時の男性ではなく、女性として生きる人／トランスジェンダー女性）
MtX：Male to Xジェンダーの略（出生時の男性ではなく、性自認〈心の性別〉がXジェンダーの人）
FtX：Female to Xジェンダーの略（出生時の女性ではなく、性自認〈心の性別〉がXジェンダーの人）
Xジェンダー ノンバイナリー：性自認が女性・男性の両方、またはどちらも当てはまらない、分からない、などの人）

性自認（私の性別）	からだの特徴（出生時に割り当てられた性別）	性的指向（性的欲求の向き）	性自認 × からだの特徴	性自認 × 性的指向
男性	男性 さまざまな見た目 からだの構造	男性	男性のシスジェンダーで	同性愛（ホモセクシュアル／ゲイ）
		女性	男性のシスジェンダーで	異性愛（ヘテロセクシュアル）
		両方／性別問わず	男性のシスジェンダーで	両性愛（バイセクシュアル）
		なし	男性のシスジェンダーで	無性愛（アセクシュアル）
	女性 さまざまな見た目 からだの構造	男性	男性のトランスジェンダー（FtM）で	同性愛（ホモセクシュアル／ゲイ）
		女性	男性のトランスジェンダー（FtM）で	異性愛（ヘテロセクシュアル）
		両方／性別問わず	男性のトランスジェンダー（FtM）で	両性愛（バイセクシュアル）
		なし	男性のトランスジェンダー（FtM）で	無性愛（アセクシュアル）
どちらでもない 分からない 決めたくない など？	男性 さまざまな見た目 からだの構造	男性	？のトランスジェンダー（MtX）で	？
		女性	？のトランスジェンダー（MtX）で	？
		両方／性別問わず	？のトランスジェンダー（MtX）で	両性愛（バイセクシュアル）
		なし	？のトランスジェンダー（MtX）で	無性愛（アセクシュアル）
	女性 さまざまな見た目 からだの構造	男性	？のトランスジェンダー（FtX）で	？
		女性	？のトランスジェンダー（FtX）で	？
		両方／性別問わず	？のトランスジェンダー（FtX）で	両性愛（バイセクシュアル）
		なし	？のトランスジェンダー（FtX）で	無性愛（アセクシュアル）
女性	男性 さまざまな見た目 からだの構造	男性	女性のトランスジェンダー（MtF）で	異性愛（ヘテロセクシュアル）
		女性	女性のトランスジェンダー（MtF）で	同性愛（ホモセクシュアル／レズビアン）
		両方／性別問わず	女性のトランスジェンダー（MtF）で	両性愛（バイセクシュアル）
		なし	女性のトランスジェンダー（MtF）で	無性愛（アセクシュアル）
	女性 さまざまな見た目 からだの構造	男性	女性のシスジェンダーで	異性愛（ヘテロセクシュアル）
		女性	女性のシスジェンダーで	同性愛（ホモセクシュアル／レズビアン）
		両方／性別問わず	女性のシスジェンダーで	両性愛（バイセクシュアル）
		なし	女性のシスジェンダーで	無性愛（アセクシュアル）

渡辺大輔著『マンガワークシートで学ぶ 多様な性と生 ジェンダー・LGBT・家族・自分について考える』（新装版第二刷、2024年、子どもの未来社）を参考に一部改訂

人もいます。決められない人もいます。だから実際は数えられないほど多様な性があるのです。性自認や性的指向が揺れたり変わったりする場合もあります。人間の性はグラデーションのようになっています。

そして、あなたもそのグラデーションの中の一人、多様な性の中の一人なのです。

ＬＧＢＴＱって何？

ＬＧＢＴＱという言葉を聞いたことがあると思います。
Ｌは Lesbian（**レズビアン**）で女性同性愛者。
Ｇは Gay（**ゲイ**）で男性同性愛者。
Ｂは Bisexual（**バイセクシュアル**）、男性も女性も好きになる両性愛者。
Ｔは Transgender（**トランスジェンダー**）、生まれたときに割り当てられた性別とは異なる性別で生きる人。
Ｑは Questioning（**クエスチョニング**）、決めたくない、分からない人。また、Queer（**クィア**）という意味もあります。クィアは「風変わりな・奇妙な」という意味がありますが、当時者たちは差別的に使われてきたこのクィアを人権獲得運動の中で、逆手にとってさまざまな性規範を問い、「人それぞれ異なる」という意味から、ポジティブな用語として使われるようになりました。性別を前提としない、問わない人もいます。

胸を張って、プライドをもって生きていきましょうと、そんな思いが込められているのがLGBTQです。

ではLGBTQの人はどのくらいの割合でいると思いますか？　いろいろなデータがありますが、三〜十%くらいと言われています。これは左利きの人、血液型がAB型の人と同じくらいの割合です。「え、そんなにいるの？　私の周りにはいないよ」と思う人もいると思います。それは差別を恐れて、「言えない」状況にあるからです。誰もが過ごしやすい社会をつくるためにもまず「人間の性を学び、理解する」ことからですね。

また、SOGI（ソジ、ソギ）、SOGIE（ソジー、ソギー）という言葉もあります。

SOGIは、性的指向（Sexual Orientation）、性自認（Gender Identity）の頭文字をつないだもので、SOGIEは、性表現（Gender Expression）を加えたものです。特定の人を示すLGBTQとは違い、SOGIEは人間の性のあり方を形づくる構成要素であり、誰もがもっているものです。誰もが当事者（自分自身の問題）と捉えやすくなり、性の多様性を認め合うことにおいて重要な概念です。

Diversity（ダイバーシティ）はもっと広い言葉で、多様性という意味です。地球上の人はみんな多様で、性だけでなく人種や宗教、目の色や障害の有無は関係なく、誰もが過ごしやすい社会をつくるために、ダイバーシティを基礎において、みんなの権利を保障していこうという意味でもあります。

「ふつう」ってどういうこと？

人間の性については多様なタイプがあるという考え方は少しずつ広まってきています。でも、ＬＧＢＴＱの人にとっては、非常に生きにくい現実があります。あらゆる差別があるからです。

なぜ、差別が起こるのでしょう。

埼玉大学の渡辺大輔さんは「「ふつう」について考えてみるといいよ」とアドバイスしてくれました。「それ、ふつうじゃん」という使い方は、よく言ったり耳にしたりしますね。その「ふつう」とは何でしょうか？

渡辺さんは「「ふつう」でないものを自分の周りにつくり出さないと、自分は「ふつう」だって言えないんですよ」と次の図を見せながら、こう説明しています。

枠の外にいる人に対して「あれっておかしいよね」「ふつうじゃないね」「異常だよね」と言って、外側の人をつくって、自分（たち）を「ふつう」の枠に入れているわけです。例えば、シスジェンダーの自分は枠の中にいて、外側にいるトランスジェンダーには「どうしてそうなったの？」と聞いてみたりします。枠の中の自分たちには質問しないのは、必要ないくらい自分たちが「ふつう」だからです。枠の外の人に「トランスジェンダー」と名付けても、自分たちの「シスジェンダー」は名前も知らないのはそのためです。

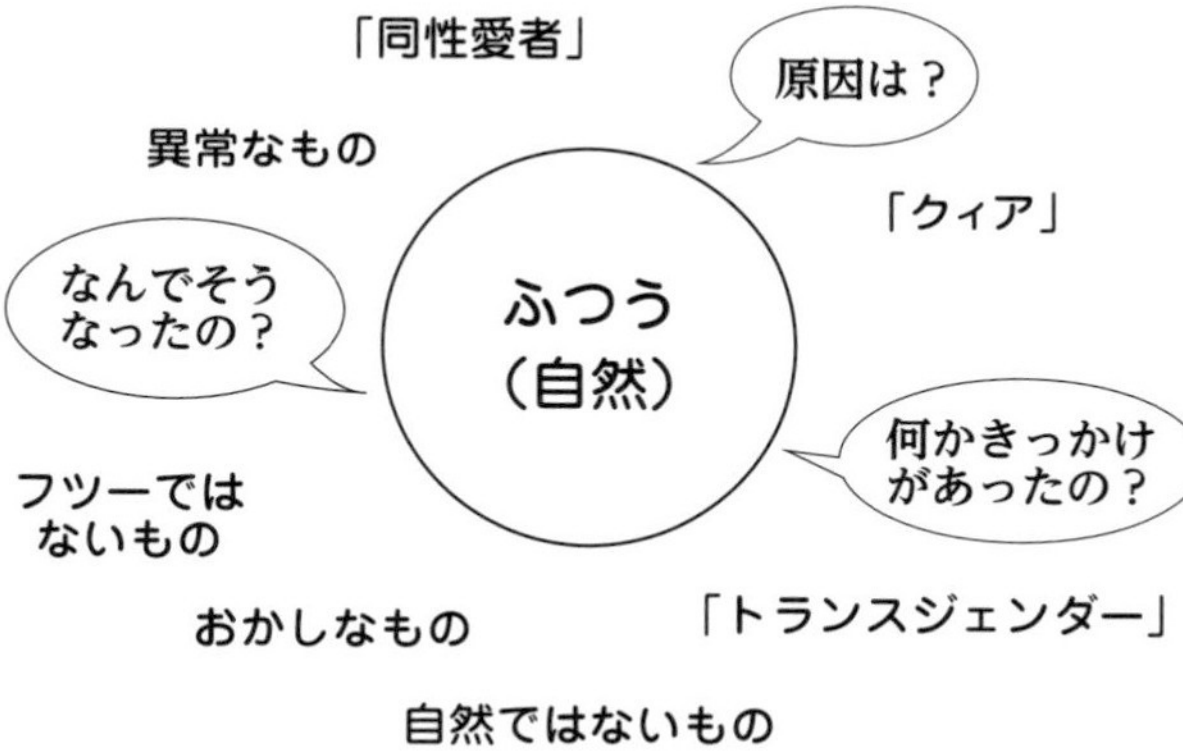

「ファンタジア！ファンタジア！　ラーニング・ラボ #08　渡辺大輔 × 木村奈緒　私とあなたの『当たり前』を解きほぐす：隣にある当事者性を考える」（https://fantasiafantasia.jp/archives/568）を参考に一部改訂

「ふつう」と名付けてしまうのは多数派だからでしょうか。左利きや血液型がＡＢ型の人は少ないですが、「ふつうじゃない」とは言いません。ただ、私たちは毎日の生活の中で、自然に「ふつう」の枠をつくってしまいがちです。例えば、両親と一緒に暮らしている人を「ふつう」と捉えてしまうと、お母さんだけ、お父さんだけの人、あるいは両親がいない人にとっては、とても生きにくくなってしまいます。いろいろな家族があってよいという視点に立ちたいですね。「男は強くて当たり前」「女なんだから料理できて当然」というのも、知らないうちにこの枠をつくってしまった発言なのかもしれません。

トランスジェンダーの人もいれば、シスジェンダーの人もいる。同性が好きな人も、異性が好きな人もいる。分からない人もいる。関心がない人もいる。それをこの枠をつくって考えてしまうと、どうしてもこの社会で暮らすのが苦しくなってしまう人が出てきてしまうのです。

人は一面だけでは判断できない

では、この枠をとりはらうためには具体的に私たちに何ができるでしょうか。性に関していえば、まずは、性は多様であるということを学ぶことが大事ですね。知らないから差別するということがあります。人間の性の多様性について学習することは本当に大切です。

そして少数派がいることを前提に、環境を整えていくことも大切です。トイレや更衣室もそうですが、何より結婚や戸籍などに関する社会制度も考えなければいけません。学校なら校則です。性の多様性を学んで、校則をみんなで考えられたらいいですよね。「男女平等」からさらに進んで、「ジェンダー・セクシュアリティ平等」という言葉があります。いろいろな性があることを理解して、みんなが対等、平等である。誰もが過ごしやすい社会をつくっていこうという言葉です。身近なところから、できることから始めていけるとよいですね。

例えば、人を傷つける言動をしない、人の気持ちを考える。これは性のことだけではありません。私も含めてですが、人間は悪口を言ったり、いやなことをしてしまったりすることもあります。そして、「ふつう」の枠をつくってしまうこともあります。それに気付いて「ごめんね」と言えることも大事ですね。

渡辺さんは、「(性的マイノリティの)当事者は〝性的マイノリティ〟という一面だけで生きているわけではない。世界人権宣言では、人種、皮膚の色、性、言語、宗教、政治的意見、国民的・社会的出身、財産、地位というのが並べられ、違っていてもみんなが平等であることを言っていますが、その他にも、体の形とか、障害の有無とかいろいろな要素を私たちはもっている。その要素が重なり合って、積み重なっているのが〝私〟という存在であることを理解することが大切」と言っています。

誰もがいろいろな要素をもって生きている。私もあなたも、人にはいろいろな面がある。みんなの違い、それを認め合うことが今の社会に必要ですね。

そして、知ってほしいことがあります。自らの性的指向や性自認を自身の意思で他者に伝え

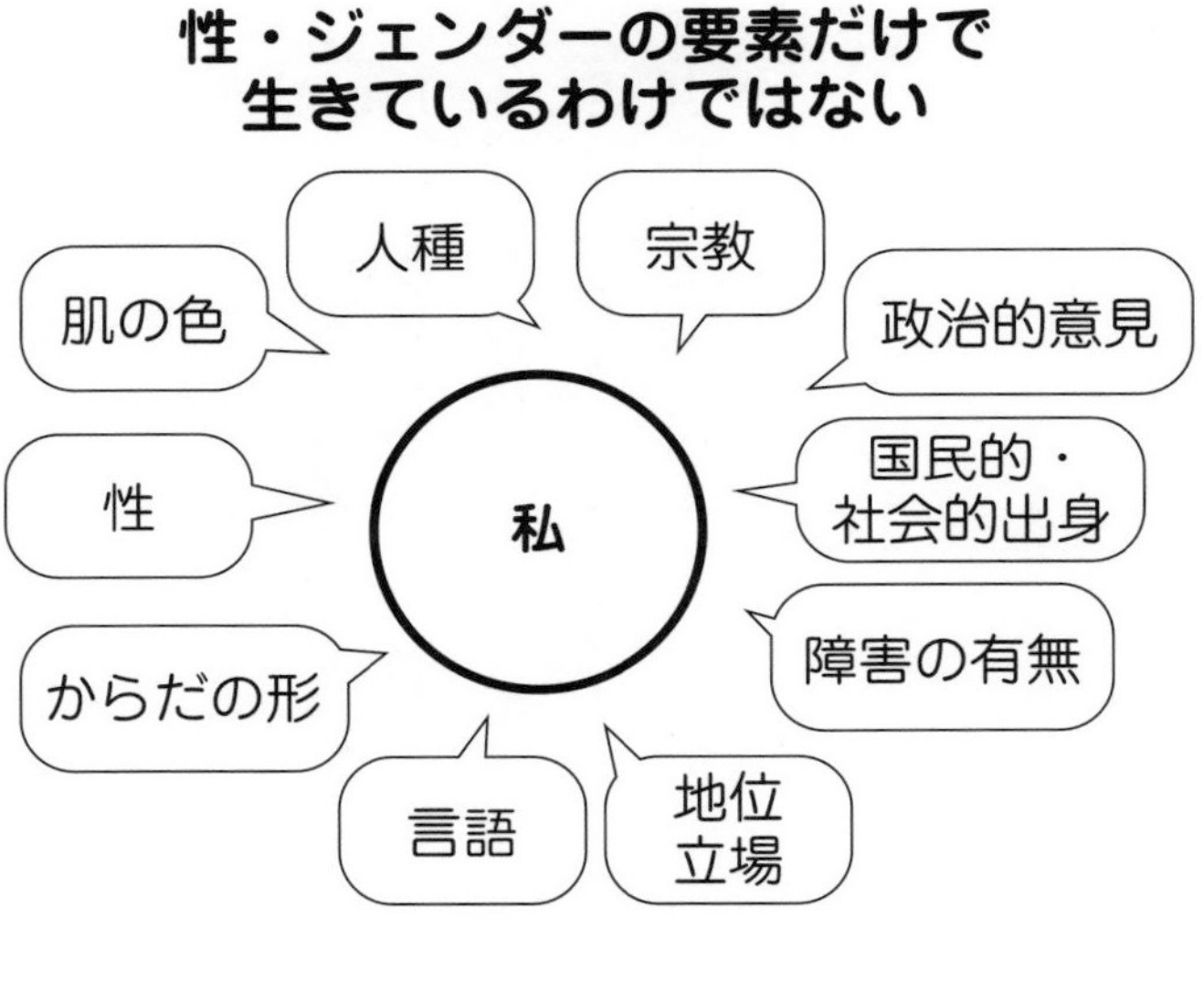

ることを**カミングアウト**と言います。そして話してくれたことを本人の許可なく、他人に話す、ＳＮＳなどで拡散する行為を**アウティング**と言います。

皆さんは自分が好きな人をどんな人に打ち明けますか。自分のことを分かってくれる人、つまり信頼している人に話しますよね。カミングアウトも同じです。そして自分の意に反して他の人にばらされたらとても悲しいですよね。ＬＧＢＴＱへの差別がある社会の中で、了承なしで他の人にばらされてしまうことはＬＧＢＴＱ本人にとってはとても怖いことです。カミングアウトされ、一人で抱えきれないときは守秘義務のある養護教諭や相談窓口に個人が特定されない形で相談してみましょう。安心してカミングアウトできる環境をつくるために、何ができるでしょう。まずはあなたが信頼される人になることが大切ですね。人間の性について、みんなが学んでいくことはとても大切なことです。

相談室　共働きカップルからのお悩み

さあ、性の多様性について、理解することができたでしょうか。

話は変わって、次の「ある相談」に対して、どんなアドバイスができるか考えてみてください。

> 私とパートナーは共働きをしています。子育てと家事を協力していこうと言っていたのに、トラック運転手のパートナーは仕事で帰りが遅いこともあって、実際に子どもが生まれて数年経った頃には、保育士で定時に帰れる私が育児や家事をほとんどやるようになりました。パートナーは休日くらいしか手伝ってくれず、どうしていいか悩んでいます。
>
> 大日向雅美『増補 母性愛神話の罠』（日本評論社、二〇一五年）を参考に一部変更して作成

あなたはどんなアドバイスをしましたか？

騙したわけではないのですが、今までの学習が生きていたかのチェックでもあるのです。

ひょっとして「お父さんが遅いんだから、子どもの面倒は早く帰るお母さんがみて当たり前」「土日でお父さんが手伝うのを認めてあげて」という答えを出したのでは？　ついさっき、性の多様性について学んだばかりなのに、「トラックの運転手はお父さん、保育士はお母さん」と決めつけてしまってはいませんか？　このような決めつけを**ジェンダーバイアス**と言います。

そして、パートナーとは迷わず異性同士だと思った人もいるのではないでしょうか。これは「異性愛中心主義」の現れなのです。この話は同性カップルかもしれませんよね。実際に子どもを育てている同性カップルもいます。

でも、これはある意味仕方ないことでもあります。だってあなたは十数年、男はこう、女はこう、とずっと頭に刷り込まれてきたのですから。だからこそ、意識的に考えを変えていくことがとても大切なことなのです。

第4章

大人に向けて変わりつつあるからだ

思春期に起こるからだの変化

小学校高学年くらいから高校生にかけて、多くの人は大人のからだに変わっていきます。変わる時期を**思春期**と言いますが、第二の誕生とも言えます。自分自身に目を向けるようになり、自分探しを始めるなど、心の変化も現れることがあります。

大人に向けて、思春期には身長や体重が増えるだけでなく、からだにもいろいろな変化が出てくる場合があります。いろいろな人がいる、いろいろなからだがあるという前提で、ここではからだの変化についての話をしたいと思います。

ここに学習のために服を脱いでもらった小学校低学年の二人がいます。大人になるとどのようなからだの変化が起こるかを考えてみましょう。

予想される言葉は次のものです。

> ひげ・わき毛・性毛・すね毛・乳房がふくらむ・肩幅が広がる・ふっくらとする・声変わり・のどぼとけ・腰回りが広くなる・にきび・月経・射精

この言葉を「多くの女性のからだの特徴」だと思うものは左に、「多くの男性のからだの特徴」だと思うものは右に、「共通すること」だと思うものは中央に当てはめてみましょう。

男女のからだのちがいを書いてみよう

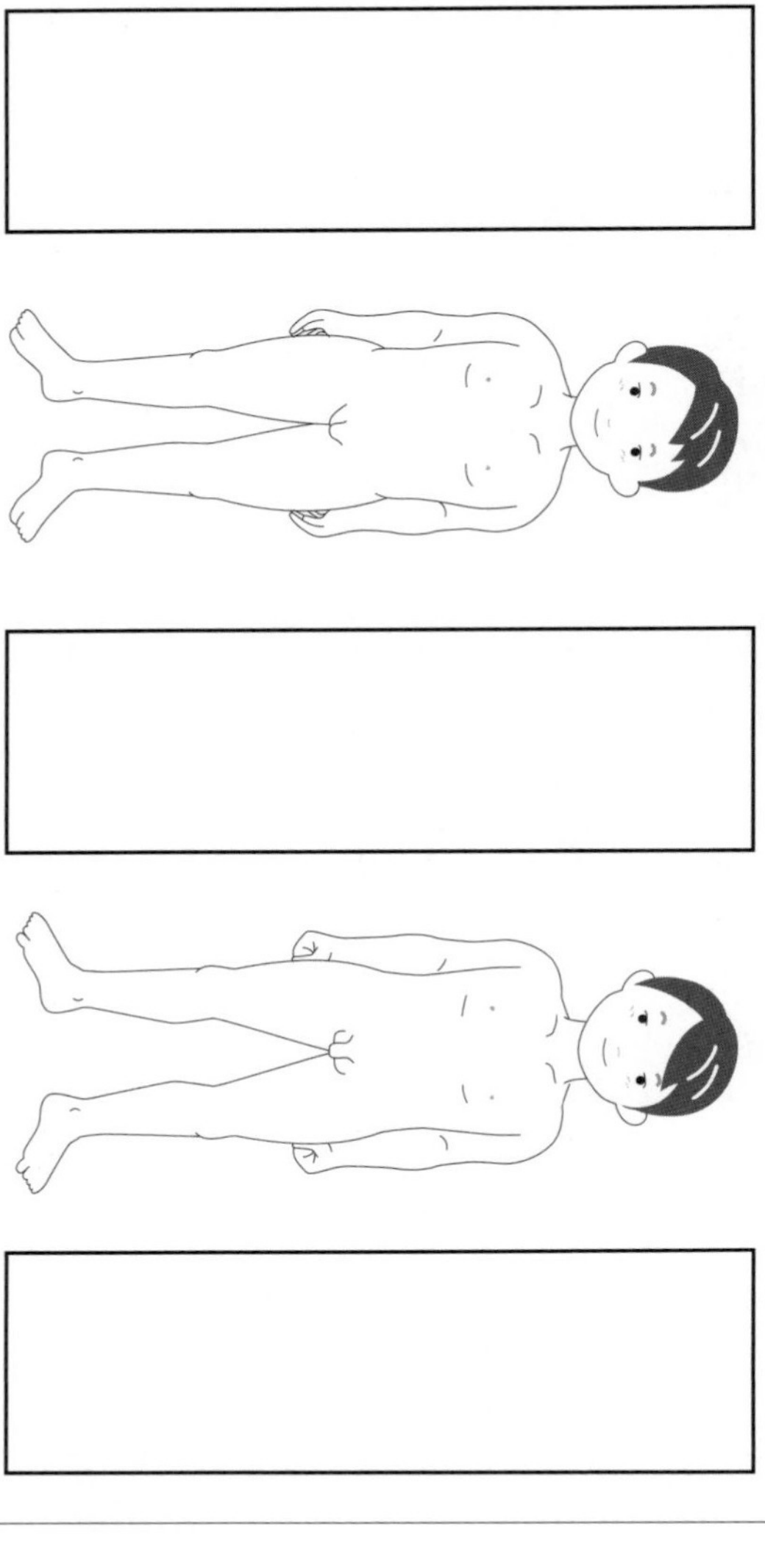

多くの女性に月経が、多くの男性に射精が起こりますが、その他は実はどちらにも当てはまります。にきびは男子にも女子にも現れることがあります。ひげは男性だけでなく、女性にもあります。私もうっすら生えることがあります。声変わりがあったりのどぼとけが出ている女性もいます。肩幅は男性みんなが広いわけでもありません。乳うん現象と言って、ホルモンの関係で男性も胸が膨らむことがあります。わき毛や性毛は生える人も生えない人もいます。性毛を陰毛と呼ぶ人もいますが、暗い感じがするので性毛と呼びたいですね。腰回りが広くなる、ふっくらとするのは女性だと思う人が多いようですが、男性でもそうなる人がいます。すね毛だって女性にも生えます。

女性ホルモン・男性ホルモンどちらも分泌される

なぜ、このような変化が起こるのでしょう。それは性ホルモンというものが大きく影響しているからです。こめかみの辺りにある脳の視床下部の奥の部分、下垂体と言われるところから性腺刺激ホルモンが分泌されます。分泌される時期は人によって違います。分泌されたホルモンは血液に乗って、多くの女性がもっている卵巣に、多くの男性がもっている精巣に働きかけます。すると、卵巣、精巣から性ホルモンがたくさん出てきて、からだ中を巡っていきます。

卵巣からはエストロゲンとプロゲステロンという物質がより多く分泌されます。これがいわゆる女性ホルモンと呼ばれるものです。精巣はいわゆる男性ホルモンと呼ばれるテストステロンという物質を多く出します。しかし、量に差はあるものの、実は両方出ています。だから、「男だから」「女だから」こういうからだつきだと決めつけることはできないのです。女性のからだの特徴をもっている人にひげが生えたり、すね毛が生えたりするのも当たり前のことです。いろいろな顔があるように、いろいろなからだがあるのが自然です。性ホルモンの発現は、時期や現れ方に個人差があるので、人と比較したり、メディアなどでよく流れてくる「理想的なからだ」に惑わされすぎないようにしたいですね。

さあ、次は**月経**と**射精**について詳しくお話しします。学校で習った人もいると思います。おうちの人から話を聞いた人もいるかもしれません。

この授業を始めるとき、いつも男子は「女子のことじゃん」といやな顔をしたり、女子は「男子がいると恥ずかしい」と言ったりします。しかし、これから先いろいろな性の人とともに生活し、仕事をしていくのですから、自分と違う性についてはきちんとみんなに理解してほしいのです。

月経や射精は、生物学的に子どもをつくる可能性があるからだになったことも意味します。しかし、人間は子どもを産む、産まないの選択ができます。また子どもがつくれない人もいます。生殖だけに焦点を置くのでなく、生涯どのように付き合っていくかを学び、考えることはとても大切なことです。

月経は「マイナスイメージ」？　「大切なこと」？

月経について中学一年生にアンケートをとると、女子はほとんどが「知っている」と答え、男子は約半数が「知らない」と答えます。小学校四年生のときに保健の授業で習ったはずですが、自分とは関係ないと思って、忘れてしまったのかもしれません。

月経のイメージについて聞くと、「腰痛・腹痛・頭痛」「イライラする」「だるい」「めんどうくさい」「あそこから血が出るので悪いイメージ」「血（きたないもの）が出る」など、特に女子にはマイナスの印象が多かったです。「あそこ」ではなく、膣やワギナという名称をきちんと使ってほしいですね。中には「肛門から血が出る」と答えていた男子もいて、性器の構造自体が分かっていないようでした。「大切なこと」という回答もありました。

卵巣と子宮がある人の多くは大人になると月経が始まります。

第二章の生命誕生の項目でも触れたように、**卵子**がつくられるのは**卵巣**です。中央に**子宮**があり、両脇にぶどうの房のようにぶらさがっている二〜三㎝くらいの卵巣の中で、卵子は成熟します。卵子は母体にいた胎児のときからつくられています。人間は生まれたばかりのときに、二百万個くらい卵子があるのですが、思春期になると二十万〜三十万個になっていて、年齢とともに卵子の数は減っていきます。

性ホルモンによって、大人になると約〇・一㎜の卵子が成熟します（❶）。約一カ月に一度、卵巣から育った卵子が一つ出ます。これが**排卵**です（❷）。排卵にあわせて、子宮の中の血液の膜（子宮内膜）がだんだん厚くなっていきます（❸）。排卵された卵子は一日経つと自然消滅します。そして、約十二〜十六日経つと、古くなった子宮内膜は子宮の外に経血として出されます（❹）。これを**月経**と言います。うんちをする肛門とおしっこをする尿道の間にあるのが膣で、ここから経血が出ます。

月経は三〜五日間くらい続き、約二十三〜三十八日の周期でくり返されます。人に

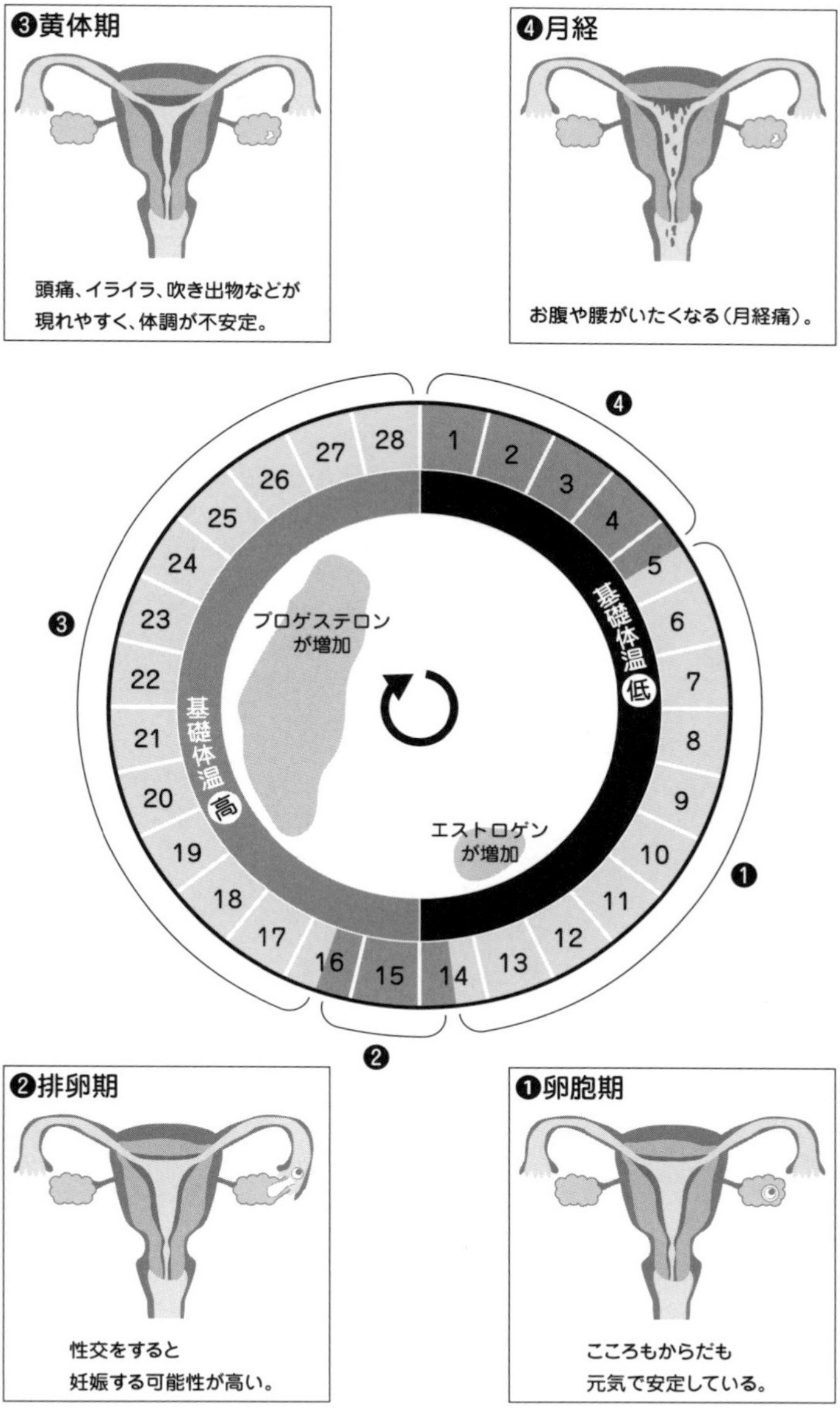

樋上典子他著『実践 包括的性教育』（2022 年、エイデル研究所）を参考に一部改訂

よって量や日数は変わってきます。経血は初日は少なく、二日目が多いという人がよくいるようです。この経血、半分は血液ですが、ケガしたときに流れる血と違い、子宮内膜の組織や分泌物が混ざるため、少しどろっとしたものです。

初めての月経を**初経**や**初潮**と呼びます。だいたい十二歳が平均で、九歳から十六歳という幅があります。もし十六歳になっても月経がこなければ、婦人科のお医者さんに相談してみてください。

月経は五十歳ぐらいまでくり返され、一年間月経がこなければ閉経となります。ですから多くの女性は三十五～四十年の間に、約四百回の月経を経験します。「えー、めんどうくさい」「辛いなあ」と思う人もいるかもしれませんね。長い付き合いであるからこそ、できるだけ快適に過ごす方法を考えていきたいものです。

月経のリズムと基礎体温

ホルモンの関係で、多くの女性は「卵胞期↓排卵期↓黄体期↓月経」という月経周期のリズムがくり返されます。個人差はありますが、特徴をお話しします。

卵胞期は、月経周期の中で一番こころもからだも安定します。優しくなったり、ポジティブになれる時期です。

排卵期は、おりものという、卵の白身のような透明な分泌液が膣から多く出ることもあります。おりものは細菌などに負けないために分泌されるものです。この時期は、卵巣から卵管へ卵子が出されるので、性交により男性の精子が女性のからだに入ってきた場合には、妊娠する可能性がかなり高くなります。妊娠したら子宮内膜の中で胎児が育つので、月経は止まります。月経がくるということは妊娠する可能性のあるからだになったということです。

黄体期、特に月経前は気持ちがふさぎこんで頭が痛くなるなどの症状が出る場合があります。これは月経前症候群（ＰＭＳ）と言われるものです。ホルモンが激しく入れ替わる時期でもあるので、心身ともに不安定になるとも言われています。

その後の**月経**では、古くなった子宮内膜を外に出す必要があります。経血を外に押し出すために、子宮がぎゅっと収縮するので腹痛や腰痛を起こす人もいます。これを**月経痛**と言います。

このようなからだや心の状態は人によって、かなり個人差があります。先ほどお話しした、女性ホルモンと呼ばれるエストロゲンとプロゲステロンが女性のからだには強く影響しています。体温も少しずつですが、変化しています。朝起きたときに測る体温を基礎体温と呼びます。少数第二位まで測ることができる専用の体温計がドラッグストアなどで売られています。排卵期になると基礎体温は上がり、月経に近付くとだんだん低くなります。

基礎体温を毎日記録していくと自分のリズムがつかめるようになります。いつ次の月経がくるのか、いつ排卵があり妊娠しやすくなるのか、予測することができます。ぜひ試してみてください。

月経には「辛い」などのマイナスイメージが多いのですが、よい面もあります。月経を引き起こすホルモンの一つ、エストロゲンは骨を強くするものです。無理な体重制限やストレスで月経が止まってしまうと、エストロゲンが出なくなり、骨がもろくなってしまいます。

例えば、体重を気にするようなスポーツをしている女性アスリートは要注意です。本人はもちろん、女性アスリートに携わる監督やコーチは、月経についてしっかり学んでおかなければなりません。

五十歳の頃に閉経を迎えるとエストロゲンが少なくなってしまうので、骨がもろくなってしまう骨粗しょう症と言う病気になる女性が多くいます。若いときから積極的にカルシウムをとって蓄えていくことが大事です。

十代の月経はなかなか安定しない場合もありますが、自分のからだの快・不調を知るためにも、月経を健康のバロメーターとして活用してほしいものです。

快適に過ごすためにセルフケアを

月経は経血が外に流れるので、それを受け止める必要があります。

多くの人が使っているのは、ナプキンです。今はいろいろな種類があるので、量によって使い分けできます。自分で選べるようになれればよいですね。かぶれやすい人には布ナプキンもあります。使い捨てではないので、エコでもありますね。

激しい運動をする場合や量が多いときには、膣から入れるタンポンもあります。自分の性器のかたちやしくみが分かっていれば、うまく入れることができます。これなら月経中でもプールや大浴場に入ることができますね。

最近では月経期間を快適に過ごすために、月経カップ、ナプキンがいらないサニタリーショーツなど進化した生理用品が出ています。自分に合った生理用品を選べるとよいですね。

もし、経血が下着等についてしまったら、自分で軽く洗ってから洗濯機にかける、こんなマナーも大人として身に付けたいですね。

月経のことで一番多い悩みは、月経痛や月経前症候群（ＰＭＳ）です。月経は病気ではないのでふだんと同じ行動をしてもよいのですが、辛いときは休みましょう。市販の薬を使ってもよいですが、婦人科に相談すると、生理痛や月経不順を和らげる低用量ピルという薬を処方してもらえたり、いろいろな相談にのってもらえます。婦人科は敷居が高い印象があるようですが、閉経後はホルモンバランスの乱れから体調を崩す更年期障害と言われるものもあり、生涯婦人科と上手につきあっていくことも快適に過ごす手だてにつながります。

少し話がそれますが、平安時代の頃から月経が「けがれ」と言われていた時代が長く続きました。月経になると小屋に隔離されるという歴史が、昭和の前半頃まで続いている地域もありました。明治時代には、女性は月経で精神が不安定になるという理由から医師などにはなれませんでした。昭和三十六年に使い捨てナプキンが登場してからは、女性の社会進出が広がってきました。そんな女性の歴史と月経との関係についても関心をもってみてください。

また、自分自身でからだの心地よさを求める女性のセルフプレジャー（自慰・マスターベーション・オナニー）については次の射精のところで詳しくお話しします。自分のからだと向き合う意味で大切な行為として捉えたいですね。

今の日本では法律で定められている生理休暇というものがあります。月経痛等がひどいときには仕事を休んでもよいという制度です。でも、社会人の中でも知らない人、使っていない、言い出せないという人が多くいます。このような実態をみると、みんなで月経について学ぶことはとても大切なことだと思いませんか。

この月経をみんなで学習することで、中学校の男子から「お母さんのトイレの秘密が分かった」「お母さんが月に一度辛そうなときがあるから手伝いをしたい」「水泳の授業でからかうのはおかしい」という感想をもらいました。また、授業後、使用前のナプキンが水飲み場の下に落ちているのを発見したある男子生徒が私の肩を叩いて、「先生、落ちているよ」とそっと教えてくれました。もし学んでいなかったら、男子がナプキンを取り囲んで指をさし、ギャーギャー言っていたかもしれません。

マイナスイメージが強い射精

射精についても科学的に知っておきましょう。中学生は射精の経験がまだの人もいると思います。

中学一年生のアンケートでは、毎年男子が半分くらい、女子は七割くらいが、射精について「知らない」と答えていました。男子の半分が「知らない」と言っているのは、「射精」という言葉を分かっていないのか、恥ずかしくてそう答えたのかもしれません。小学校でも習ったはずですが、残念ながらこういう結果です。もし、本当に知らなくて、初めての射精である精通が突然きたら、驚いて病気だと思って不安になってしまうかもしれませんね。これからの長い人生付き合っていくわけですから、きちんと学習しておく必要があります。

射精のイメージを聞くと、「キモい」「エロい」「ヌルヌルしている」「きたない」「くさい」「いやな感じ」「意味を知りたくない」「言葉的によくない」「ち○こから出る」

「下ネタ」などなど。もちろん「大切なこと」といった意見もありましたが、少数でした。「こんなことを学校で聞いていいんですか」と言ってきた生徒もいました。また、「変態になった」と書いた子もいました。自分が変態だと思いながら、自分を否定しながら長い人生を歩んでいくのはとても辛いことではないでしょうか。だからこそ、射精について正しい情報を得てほしいですね。

射精のしくみ

性器の長いホースのようなもの、これを**陰茎**《いんけい》（ペニス）といいます。その後ろに玉状の**精巣**が二つあります。**精子**が精巣でつくられることはすでにお話ししました。

精子は〇・〇六㎜で、顕微鏡でしか見ることのできない、からだの中の一番小さな細胞です。しっぽのようなもので移動でき、頭の中には遺伝子がびっしり入っています。

男性の性器は固くなって立つことがあります。これを**勃起**《ぼっき》と言います。幼い子どものころから立つことがあります。ペニスの中の海綿体というスポンジ状のところに、血液がたくさん入り込むと固く膨張して立つしくみになっています。

勃起したペニスの先端から、白くネバネバした**精液**が出るようになることを**射精**といいます。初めての射精を**精通**といいます。精通は十三歳くらいで起きるのが平均で、個人差があります。もし十八歳になってもこなければ、泌尿器科の先生に相談してください。

射精で一回に出る精液の量は、平均で二・二〜三ml、スプーンに一杯くらいです。その中には二億〜三億の精子が入っています。色が白っぽく、やや黄色がかっていることもあり、個人差や体調などの変化による影響も大きく出ます。定期的に自分の意思と関係なくくる月経と違い、精液を出すか出さないかは自分の意思で決めることもできます。

大人になると、精巣の中で精子が一日あたり約七千万つくられます。小さな精子とはいえ七千万もつくられると、精巣がパンクするかもと思うかもしれません。でも、大丈夫です。精巣の上についている精巣上体という部分に精子を約十億ためることができます。いっぱいになったら、タンパク質として体内に吸収されます。

精液がネバネバしているのは、精子を守るため、確実に卵子に届けるために膣から漏れ出るのを防ぐため、そして女性のからだに入ったとき、精子が動く栄養にもなっています。だから、ねばねばしていないと困るんですね。

この精液は尿と同じところ（尿道）を通って外に出されますが、混ざることがありません。勃起し射精するときには、尿が出ないよう膀胱の出口をふさぎ、尿をするときには精液が出ないよう、精管部分が閉じられます。これは意識しなくてもできるようになっています。人間のからだは巧みにできているでしょう。

また、精子が消滅しないようないろいろなしくみがあります。あなたが母体の中にいたときにはあなたのおなかの中に精巣がありました。しかし、おなかの中では精子にとっては温度が高すぎ、つくることができないので、妊娠五カ月目くらいから精巣はからだの外に下がってきます。ちょうどよい温度があるんですね。気付いた人がいると思います。プールで冷たい水に入ると、精巣がからだの近くへ上がって、暑い夏にはだらんと下に下がるのです。精子を守るために自然に調整がされているのです。精巣を包んでいる陰のうという袋がしわしわで伸び縮み可能なわけが分かりますね。

また、精巣にボール等が当たると、とても痛いですよね。精巣は、ある意味内臓が外に出てきたものとも言えます。だから、痛みは大切な部分を教えてくれるという意味もありますね。

四つの機能とセルフプレジャーでの約束

射精には四つの種類があります。無意識に起きるものとしては、**夢精**《むせい》と**遺精**《いせい》、意識的にするものとして**セルフプレジャー（自慰・マスターベーション・オナニー）**と**性交**です。

夢精とは、寝ている間に性的な夢を見るなどして、知らないうちに射精してしまうことです。初めての精通のときに起こる場合もあります。もし、寝ている間に下着に精液がついてしまったら、自分で軽く下着を洗って洗濯機に入れてくださいね。

遺精とは、寝ていないときに強い緊張や刺激、またはストレスを受けたときに、性的な刺激を伴わずに無意識に射精するものです。あまり頻繁に起きるようでしたら、精神的に疲れている場合もありますので、まわりの大人やお医者さんに相談してみてください。

セルフプレジャーは自慰ともいいます。「マスターベーション」「オナニー」と言う人もいますが、意味を調べると「よろしくないこと」「汚らわしい」「悪行」などマイナスなイメージになります。自分のからだをいたわって、安心感や心地よさを味わうという意味で、セルフプレジャーという言葉をぜひ使ってほしいと思います。

セルフプレジャーは自分で性器を刺激して快感を得ることです。自分のからだと付き合うために、とても大切な行為です。回数の多さで悩む心配はありません。もちろん、女性も自分のからだなのですから、自分で触ることは自分のからだと向き合う上で大切な行為でもあります。女性のセルフプレジャーについては「淫乱」（性的に乱れている）などと言われることがあり、タブー視されてきました。でも果たしてそうでしょうか。女性も同じ人間として当たり前の行為であり、否定されるべきものではありません。日本の歴史上、女性が主体的に性を語ることがおかしいと考えられてきた時代を見直すべきではないでしょうか。

ただし、セルフプレジャーをするためには約束があります。性器はやわらかくて傷つきやすいので、痛くしないことです。また、セルフプレジャーは究極なプライバシーですから、絶対に誰にも見られない、プライバシーが確保できる空間で行うものです。体液が出るので、後始末についてもきちんと考えておきましょう。セルフプレジャーは「自分だけのひみつ」です。

最後の**性交**については、第二章で説明しました。異性間であれば妊娠と結びつきます。今まで挙げたものと違って、性交には相手がいます。月経や射精を迎えたのであれば、相手の同意を得るなど、自分の性行動についてより深く考えていくことが求められます。

そういう意味では、相手がいないセルフプレジャーは自分の性欲を管理するのに一役買っていますね。

男性の性の悩みの原因は情報不足

男子の性に関する悩みで一番多いのは、性器の大きさ、色、形、などです。人それぞれ顔かたちが違うように、性器も人それぞれです。また、包茎（ペニス全体が包皮に覆われている）についても悩む人が多いです。「包茎はおかしい」と思わせ、高いお金で手術をさせようとする宣伝がたくさんあります。しかし、日本人の六～七割は包茎です。性器を洗うときに、外の包皮を剥いて、垢がたまらないよう優しくシャワーで洗い、戻せばすむことです。それができれば心配することはありません。どうしても心配な場合は泌尿器科の先生に相談するといいですよ。性器の形や包茎に悩むのは、正確な情報がなく惑わされる、相談しにくいというのが大きな理由だと思います。中学生に自分のからだの悩みについてのアンケートをとると、女子は「母親に相談する」「同性の友達に相談する」という人が多いのですが、男子は半数以上が「誰にも相談しない」と答えています。

多くの男性に起こる射精についても、「いやらしい」と感じてしまうのは、ゆがんだ情報に惑わされているからでもあります。これは悲しいことです。自分のからだ、射精をポジティブに受け止めるためにも、「男性の性」について正しい情報にたどり着いてほしいと願わざるを得ません。

プライベートパーツって何？

あなたのからだは全てがプライベートですが、中でも口・胸・性器・お尻は究極のプライベートパーツと言われています。からだについての悪口や暴言はもちろん、同意も得ずに無断で性器などにさわるのは、プライバシーが守られていないということですし、これは暴力・人権侵害にあたります。親など身近な大人であっても、恋人であっても同じです。誰もが自分のからだのどこに誰が触ってよいかを決めることができる「からだの権利」をもっています。

友達同士で「ふざけ」と称して、ズボンを脱がす、股間を触る、なども暴力であり、人権侵害です。また、みんなの前で「今、生理中?」「射精したことある?」と大声で聞くことについて、どう思いますか? これも許されない行為です。相談として聞きたいことがあればそっと聞き、プライバシーですから答えたくなければ答えなくてもよいのです。自分のプライバシーを守り、他人のプライバシーを守ることができるのが、大人として求められる行動です。

第5章

人間の性行動

動物の交尾と人の性交はどう違う？

地球上にはいろいろな生物がいます。生き物は子孫を残すために、いろいろな環境の中で工夫をしています。魚は水の中でメスが卵を産み、オスがそこに精子をかけて、受精します。これを**放精**と言います。カエルはオスがメスの上に乗り、メスの体を抱きかかえて前足でぐっぐっと押します。強く押されたメスは卵を放出し、オスはすぐに卵に精子をかけて受精します。これを**包接**と言います。卵子や精子は空気に触れると死んでしまうので、昆虫や鳥、哺乳類の動物などの陸上の生き物は、オスがメスのからだに直接生殖器を挿入して、メスの体内に精子を届ける**交尾**という方法で受精卵をつくります。交尾は子孫を残すための本能で、交尾が可能になる時期を発情期と言います。春先に猫がニャーニャーと大きな声で鳴いているのは、発情期だからです。

では人間には発情期があるのでしょうか。人間には発情期というものはありませんが、性欲があります。でも、人間は大脳が発達しているので、性行動をコントロールすることができます。「脳はからだの司令塔である」とも言われています。学習することは犬や猫でもできますが、人間に特徴的なのは人の気持ちが分かったり、共感したり、先を見通して行動することを司る前頭葉が発達している点です。ここは十代でもっとも発達すると言われています。からだはご飯を食べれば大きくなりますが、前頭葉は考えたり学習したりすることで発達するところなのです。

性行動においても、人間は交尾と呼ばず、**性交**と言います。動物の交尾は子孫を残すための行為でしたが、人間の性交にはお互いの愛情を確認し合ったり、心地よさを共有し合ったりする面がほとんどです。よく三大欲求の一つに性欲が挙げられますが、性欲を食欲や睡眠欲と同じように考えてほしくはありません。相手がいるわけですから、自分の思いだけで性交をするべきではないですよね。

性交は「ふれあいの性」とも言われます。それは長い人間の歴史の中でつくられてきました。人間は考えて行動できる、しなくてはいけない生き物です。本能で性交をすることはあってはなりません。だから私は、人間の場合は生殖器と言わずに性器と言っているのです。

もちろん、他の動物と同じように、異性間で性交すれば、受精、妊娠する可能性があります。

高校生には「はやすぎる」？　「好きならいい」？

お付き合いしている二人が、お互いに同意していれば、性交渉をしてもよいでしょうか。異性間の性行為であったら、妊娠の可能性があります。妊娠したらどうすればよいでしょうか。そんなことを考えたことはありますか？　大好きな人がいたら手を握りたい、抱きしめたい、キスをしたい、性交渉をしたい、そんな思いになるかもしれません。

中学三年生に「お互い同意すれば、高校生になったら性交渉をしてもよいと思いますか」という質問をし、話し合ってもらいました。半数の生徒は「好きならいいと思う」。理由を聞くと「人が決めることじゃない」「法律で禁じられていない」「避妊をすればいい」。半数の生徒は「付き合っていても性交渉はしない方がいい」。理由を聞くと「早すぎる」「妊娠したら困る」と答えました。

「高校生で妊娠したら、させたらどうする？」と尋ねると、「産む」「育てられないから中絶」「赤ちゃんがかわいそう」などの意見が出ました。「責任をとる」と言った男の子がいたので、「責任ってどうやってとるの？」と聞きました。「退学して働く」と言うので「あなたは野球で甲子園に行きたいから○○高校に入りたいと言っていたじゃない」

と重ねて問うと、「うーん」と頭を抱えてしまいました。「彼女が産みたいなら産んでもらうし、中絶したいならおろしてもらう」と言った男の子の意見に対し、女子が「自分の考えがなくて最低」と言う場面もあり、相当悩んでいました。

このディスカッションをする前の日に質問を投げかけていたのですが、「先生、私は高校生になっても絶対に性交渉しちゃいけないと思うんです」と伝えに来た生徒も、みんなが「いいと思う」と答えると、「いいと思う」と流された回答になってしまいました。また、「別にゴムすりゃいいじゃん」「好きなんだぜ。しないのはおかしい」と答えていた子に対して、「お前、軽すぎ」「先のことを考えてない」と批判している姿もみられました。また、「だからしなきゃよかったんだ」と頭を抱えながら発言した子もいました。

さあ、あなたはどう思いますか？　すごく、難しいですよね。

決めるのはあなた自身ですが、はっきり言えることは正しい避妊法や性感染症予防についての知識がない人は性交渉をするべきでないということです。

避妊の方法、長所と短所

避妊法についてお話をしましょう。性交渉をしても「妊娠するのはまれ」と思い込んでいる人がいますが、大きな間違いです。妊娠したくなければ、また妊娠させたくなければ正しい避妊法を実行しなければならないことは常識としてください。また、百%安全な避妊法はありません。「妊娠のリスクが減る」と捉えたほうがよいでしょう。

・コンドーム

これは避妊するために男性の性器につけるゴム状のものです。精子が子宮内に入るのを防ぎます。これは直接粘膜が触れ合わないため、性感染症予防にもなります。破れてしまう、漏れてしまう可能性があるため、成功率は八十五%ほどです。タイミングが難しく、女性の性器に入れる前に男性器にきちんと装着していなければなりません。男性の性器は勃起すると、カウパー腺液という体液が出ますが、これにも精子が含まれる場合があるからです。女性の膣内に入れる前、つまり最初からコンドームをつけることがとても重要です。つける練習も必要です。

よく「二枚重ねれば効果的」という話を信じている人がいますが、ゴムが摩擦で破れる恐れがあり、危険です。

男性用コンドームはドラッグストアやコンビニでも手軽な価格で売られています。女性用のコンドームもありますが、今はインターネット販売のみです。

・低用量ピル（経口避妊薬）

女性が毎日一錠をきちんと飲み続けられれば、九十九％避妊が確実なのは、ホルモン避妊薬である低用量ピルです。排卵を起こさないようにするためのものです。妊娠したいときには服用をやめれば妊娠することが可能です。しかし、婦人科で処方してもらわないと手に入りません。

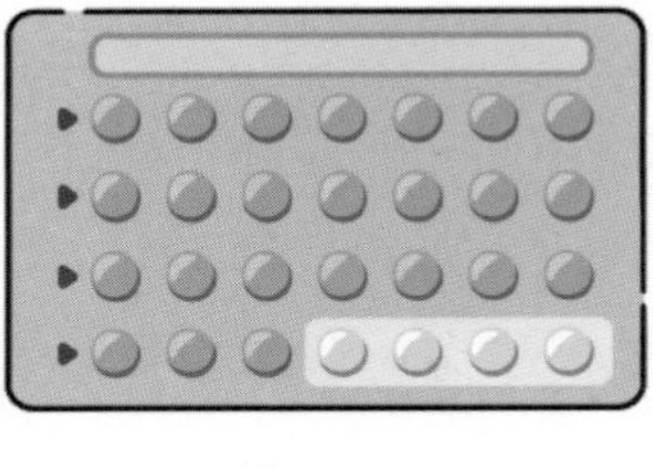

避妊率は高いですが、きちんと服用しなければ効果はありません。今日飲んだから明日は大丈夫というわけではないので、飲むタイミングなどを知る必要があります。

また、この薬は月経痛、食欲不振、いらいらといった月経困難症にも効果的で、この場合は保険適用となります。避妊目的であると保険外となり、一カ月分で二千五百〜三千円かかります。

人によってははじめの三カ月頃までは不正出血や吐き気、頭痛などの副作用がありますが、飲み続けることで軽減されていきます。副作用の他に、重大なリスクとして血栓症のリスクがわずかながらも高くなる（一万人に一〜五人）と言われています。

・子宮内避妊具（IUS／IUD）

子宮内避妊具（IUD）と言われる女性の性器内に入れる避妊具のうち、薬剤が付加されているものをIUSと言います。IUSは、器具から放出されるホルモン作用により子宮内膜を薄くし、受精卵の着床を阻害するしくみになっています。婦人科のお医者さんの

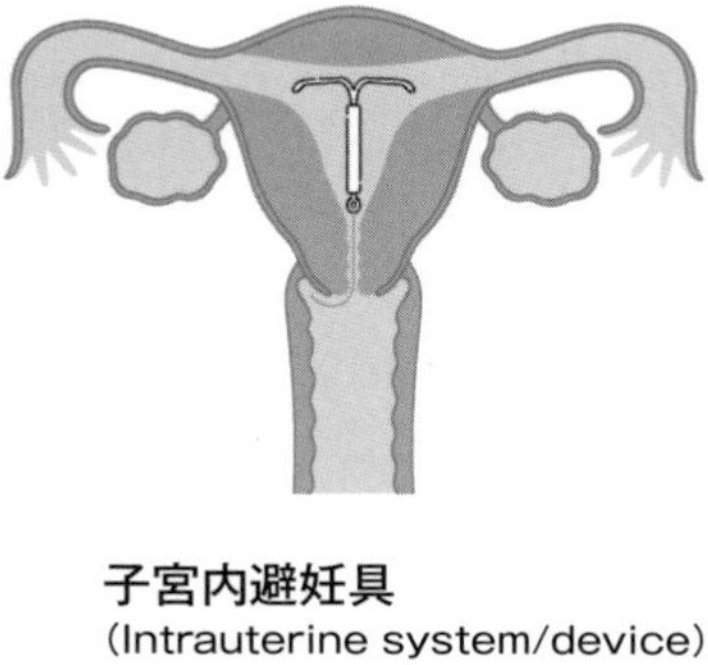

子宮内避妊具
(Intrauterine system/device)
日本で販売されている商品名は「ミレーナ」と言います。

処置でつけることができます。避妊効果は九十九%で、五年くらいの効果があります。ピルは毎日飲むわずらわしさがありますが、この子宮内避妊具は一度入れるだけで済むので楽です。妊娠したいときは婦人科でとってもらいます。避妊目的であると保険外となり、三～八万円程度です。

気を付けておかなければならないのは、低用量ピルやＩＵＳの避妊率は高いですが、性感染症は防げないことです。必ず性交渉の際はコンドームを併用することが大切です。

その他にもいろいろな避妊法があります。ぜひ、ネットなどで調べてみてください。

これは日本と欧米と比べた避妊方法のグラフです。日本では圧倒的に男性用のコンドームが主流で、避妊

"Contraceptive Use by Method 2019"（国際連合）

が男性任せになっている面があります。しかし、妊娠するのは女性です。女性自身が女性のからだを守る術をしっかり獲得していくことが当然だという認識をもっていきたいですね。

知識はあっても「話し合える」関係でなければ……

予期せぬ妊娠を避けるためにはどうすればよいでしょうか。一番確実な方法はＮＯ ＳＥＸ（ノー・セックス）、子どもを産み育てられる状況までは性交渉をしないことです。そして、性交渉をする場合は、妊娠のリスクを減らすために避妊を確実にすることです。

しかし、避妊の知識があっても二人の間で話ができないと、避妊を実行することが難しい場合があります。知識があっても行動が伴わなければ何の意味もありません。避妊や性感染症について話し合いをしっかりできる関係性はとても大切です。

また、相手が妊娠を望まないのに避妊を拒否することは、望まない性的行為、つまり性暴力でもあるのです。

皆さんの中にはお付き合いすることは、イコール「パートナーと性交渉をすること」

だと思っている人がいませんか。メディアにあおられたり、友達に「お前まだエッチしてないの」なんて言われることがあるかもしれませんが、決めるのはあなた自身です。どんなお付き合いをしていくかは、あなたがパートナーと話し合って決めることです。ただ、十代の性交渉には正直リスクがあります。急がなくても、焦らなくてもいいのではないでしょうか。また、「キスや性交渉を断ると相手に嫌われる」、「断るということは自分のことを好きじゃないのではないか」と思い込んでいる人はいませんか。そう思いながら相手の思うままに付き合うのってどう思いますか？　自分の意見を言えない関係でよいのでしょうか。この辺りについては次の章でじっくり考えていきたいですね。

女性を守るための緊急避妊薬

女性のからだは月経周期のリズムがあり、妊娠しやすい時期と妊娠しにくい時期はありますが、それは可能性であって、確実なものではありません。いつ排卵するのか、いつ月経がくるのかは確かなものでないので、「女性に安全日はない」と知っておいてほしいと思います。特に十代の月経は安定しないので、予測不可能と考えたほうがよいです。

膣外射精は、射精の瞬間に女性のからだの中から性器を抜くという方法です。コンドームの項目でも説明しましたが、男性の勃起に伴うカウパー腺液の中には精子が混入する可能性がありますので、これは間違った避妊法です。人工妊娠中絶の原因の三〜四割は、この膣外射精によるというデータも出ています。

避妊については、太古の昔から人間が考えてきましたが、百％の避妊法はありません。例えば、コンドームが破れたり外れたりする失敗もあります。

避妊に失敗したときは着床、つまり妊娠を防ぐ緊急避妊薬というものがあります。七十二時間以内に飲みます。効果としては八十％ほどですが、時間がたつにつれ、効果が低くなります。性交をして二十四時間以内であれば九十五％妊娠を避けることができるので、なるべく早く服用することが大切です。しかし、日本の場合、婦人科のお医者さんの管理下で処方してもらわなければなりません。また、保険の対象外で六千〜二万円と非常に高額です。巻末に、自宅から一番近い緊急避妊薬を扱っている病院を紹介してくれるサイトなども掲載しています。

避妊効果の高い低用量ピル、そして、緊急避妊薬については、多くの国では病院に行かなくても一般の薬局で安価で買えます。ＷＨＯからの勧告を受けながらも、日本は他国に比べてなぜ、遅れているのでしょう。

避妊目的の低用量ピルは欧米で使われていましたが、日本は四十年遅れてやっと一九九九年に認可されました。低用量ピル使用については女性が自身を守るために必要な当然の権利だと思うのですが、「女性の性的自立を促すことで、女性が性に奔放になる」「認可されれば女性の性行動が活発になり性感染症の蔓延が危惧される」と誤った考えをもった反対派がいたので、なかなか認可されませんでした。性行動については自分の意思で決めるものです。自分のからだは自分で守ることが基本です。その守り方を性教育でしっかり学んでいくことが必要なのではないでしょうか。

また、緊急避妊薬は九十カ国以上では安価（数百～数千円）で、薬局で必要なときに購入することができます。無料で提供する国もあります。そしてＷＨＯでは「誰もが安く簡単に入手できることが望ましい薬、全ての女性が安全に効果的に使用できる薬」として推奨しています。緊急事態であるからこそ、女性のからだを守るためにもできるだけ早く、安価で手に入ることはとても重要です。

しかし、低用量ピルと同じく、日本では病院を通さないと、しかも六千～二万円という高いお金を払わなければ手に入れることはできません。「性教育が遅れているため、乱用や悪用につながる」という理由でなかなか前に進みません。性教育が遅れているなら、しっかりやるべきという発想になってほしいですね。値段についてもなぜ、このように高いのでしょう。安価にすると安易に性交渉をしてしまうという非常に乏しい発想であり、そして、女性の自己決定権を奪おうとしているとしか思えません。

女性のからだを守るためにも緊急避妊薬を手軽にドラッグストアなどで購入できるよう、現在議論中です（二〇二三年十一月から調査研究の一環として、一部の薬局で医師の処方箋なしでの試験的販売を開始）。

人工妊娠中絶という選択

妊娠してしまった、でも育てられないという場合には、**人工妊娠中絶**という方法があります。二〇二二年度は年間およそ十二万二千件、全体としては少なくなっていますが、十代の中絶はおよそ九千五百件と全体の割合からは横ばい状態が続いています。年齢が若いほど、初期中絶ではなく中期中絶の割合が多いのも特徴です。なぜ、中期中絶が多いのでしょう。多分「中絶を決意するまでかなり悩む」からですね。先ほどの中学生同士のディスカッションを見てもそれがうかがえます。
人工妊娠中絶は、母体保護法という法律に基づいて行われます。

母体保護法（医師の認定による人工妊娠中絶）

第三章第十四条　都道府県の区域を単位として設立された公益社団法人たる医師会の指定する医師（以下「指定医師」という。）は、次の各号の一に該当する者に対して、本人及び配偶者の同意を得て、人工妊娠中絶を行うことができる。

一　妊娠の継続又は分娩が身体的又は経済的理由により母体の健康を著しく害するおそれのあるもの

二　暴行若しくは脅迫によって又は抵抗若しくは拒絶することができない間に姦淫されて妊娠したもの

2　前項の同意は、配偶者が知れないとき若しくはその意思を表示することができないとき又は妊娠後に配偶者がなくなったときには本人の同意だけで足りる。

十代の中絶の場合、母体保護法第十四条の「身体的、経済的理由により母体の健康を著しく害する」という理由に多くは該当すると思います。パートナーの同意書が必要になるのですが、この同意書は必要かどうか、議論されているところです。また、二つ目の理由に「暴行、脅迫によって妊娠した」というレイプなどの性的暴行によって妊娠した場合も中絶できると書かれています。

絶対に知ってもらいたいのは「**人工妊娠中絶ができる時期は限られている**」ということです。これも法律で定められています。妊娠十二週未満（妊娠十一週六日）なら初期中絶となり、からだへの負担も小さくてすみます。それ以降は中期中絶となり、役所に死産届を出す必要があります。忘れてはならないのは、二十二週目以降は一日でも過ぎると中絶できなくなるということです。

最終月経の一日目から数えます。でも、この妊娠週数は大人でも難しいので、このように覚えてください。

「性交渉をして次の予定の月経がなければ妊娠を疑う」

月経の周期を日常的に記録しておくと役立ちます。次の月経が来

<table>
<tr><td colspan="4">4ヶ月</td><td colspan="4">5ヶ月</td><td colspan="4">6ヶ月</td><td colspan="4">7ヶ月</td><td colspan="4">8ヶ月</td><td colspan="4">9ヶ月</td><td colspan="5">10ヶ月</td></tr>
<tr><td>12</td><td>13</td><td>14</td><td>15</td><td>16</td><td>17</td><td>18</td><td>19</td><td>20</td><td>21</td><td>22</td><td>23</td><td>24</td><td>25</td><td>26</td><td>27</td><td>28</td><td>29</td><td>30</td><td>31</td><td>32</td><td>33</td><td>34</td><td>35</td><td>36</td><td>37</td><td>38</td><td>39</td><td>40</td></tr>
<tr><td colspan="10">←中期人工妊娠中絶→</td><td colspan="19">←人工妊娠中絶できない→</td></tr>
</table>

ないなあというのは、すでに妊娠四週を過ぎています。妊娠検査薬がドラッグストアに売られていますから、ぜひ調べてみてください。高い精度で判定できます。検査薬で妊娠しているという反応が出たら、産婦人科や婦人科に行ってください。人工妊娠中絶するなら手術の手続きをしなければなりません。短い間にあらゆることを決めていかなければならないのです。

中学生にアンケートをとると、「中絶には時期がある」ことを知っている人はいつも二十%以下です。この数値を見ると、性の安心安全を確保する情報がないまま卒業することは非常に危険であると思ってしまいます。ですから、授業ではいつも「人工妊娠中絶には時期がある」ということを強調します。できればからだの負担が少ない十二週目までに中絶を行うのがよいです。二十二週を一日でも過ぎると中絶できません。なぜ、二十二週目以降の中絶が認められないのかというと、二十二週目以降の胎児が外に出ても生きていける医療が進んでいるからです。

月数	1ヶ月				2ヶ月				3ヶ月			
週数	0	1	2	3	4	5	6	7	8	9	10	11
	←初期人工妊娠中絶→											

↑ 最終月経の初日を0週0日とする

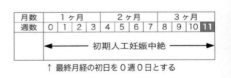

中絶をめぐる国内の対応は？

人工妊娠中絶は麻酔をかけて手術し、基本一泊の入院が必要です。安全な手術ですが、何回もくり返すと不妊になる可能性がないとは言えません。病院選びも大切です。母体保護法指定医がいる安全な医療機関で受けることが必要です。費用面では保険がきかず、自費となり、初期中絶で十五～二十万円、中期中絶は妊娠週数にもよりますが三十万～五十万円です。中絶は肉体的にも精神的にも、そして費用の面でも大きな負担となります。

日本の中絶は、金属製器具を使って子宮内をかき出す掻爬《そうは》法という手術が主に行われています。これに対してＷＨＯは「時代遅れの手法」だと指摘し、安全に中絶ができるよう世界の八十カ国以上で使用されている中絶薬を推奨しています。そして他国に比べて大変遅かったのですが、妊娠九週までなら中絶薬を使うことが二〇二三年四月に認可されました。しかし、世界平均価格が千八十八円であるのに対し、日本では認可されても手術費用と同等の金額です。病院の採算が見込めないということからなのでしょう。ようやくスタートした中絶薬。選択肢が増えたことは喜ばしいことですが、まだ多くの課題があるので動向を見ていきたいですね。

避妊や中絶の授業で「子どもの性行動が盛んになる」？

「人工妊娠中絶をすることは悪いこと」だと思っている人がいるかもしれません。学校によっては「中絶は悪だ」と、中絶の際、胎児が逃げ惑うような動画（本物かどうかは不明）を教材に使う先生がいます。そんな教材を使うのは私は絶対に反対です。もし、中絶を経験した生徒が教室にいたらどんな思いになるでしょう。そして、これから中絶せざるを得ない人もいるかもしれません。それを思いながら人工妊娠中絶の授業を創っていくべきと思っています。私はいつも、この人工妊娠中絶については淡々と授業を進めていきますが、必ずこう言います。「母体保護法は法律です。法律はあなたを守るためにあります。中絶せざるを得ない状況になるかもしれません」と。

そして、もう一つ、「もし、妊娠二十二週を過ぎて中絶できない、育てられないとしても、今は特別養子縁組など、さまざまな支援があることも知っておいてください」と。

避妊や中絶の授業をすると、「子どもの性行動が盛んになる」と思い込んでいる大人がいます。これはまったく反対です。私は十二年間授業をして、事前事後にアンケートをとっていますが、確かな知識を身に付け、仲間と深く考え合うことで、授業後は「性行動に慎重になる」という結果がいつも出ます。また、世界の研究でも性をきちんと学ぶことで初交年齢（初めて性交渉をする年齢）が上がる、性交渉をするパートナーの数、予期せぬ妊娠数、性感染症の罹患者数が減るという結果が出ています。

他の授業では寝てばかりいたやんちゃな生徒が「童貞最強！」と一言感想を書いてきたこともあります。彼は、ディスカッションで友達に意見されたことで、これから自分の性行動に対して「真剣に考えよう」と思ったのでしょう。教員の私が話すこと以上に友達の言葉は胸に響いたのですね。性について真面目に、本音で仲間と話し合うことの大切さを身に染みて感じました。

十六歳を境に倍増する中絶件数

避妊・人工妊娠中絶については高校二年生の保健の授業で学ぶことになっていますが、それでは遅いのです。厚生労働省から出ているデータにあったように（二十三ページ）、十六歳になると、中絶件数が二〜三倍と一気に上がっています。そして高校に行かない子もいます。高校を中退する子もいます。義務教育の間にきちんと学ぶことはとても大切なことです。今、自分に関係ないことと思っている人がいるかもしれません。でも誰かに相談されるかもしれませんね。そのためにも正しい情報にたどり着けるようになってほしいなと思います。そして、予期せぬ妊娠が発覚したときは一人で、二人で悩まず、信頼できる大人に相談することが大切です。外部の相談機関もあります。相談できる場所があることは力になります。ネットなどでも相談することができます（巻末参照）。

これらの学びが乏しいため、深刻な事件が発生しています。

どうしてこのような事件が起こるのかを考えてみてください。

知識があるからこそ、ちゃんと考えられる

新生児殺害容疑の高校生男女　家族に相談できず

産んだばかりの男児を殺害したとして、いずれも県東部に住む十代の女子高校生と、交際相手の十代の男子高校生＝ともに死体遺棄容疑で逮捕＝が二十五

日、県警に殺人容疑で再逮捕された。県警の調べに対し二人が「家族にも相談できず、悩んでいた」と話していることが県警や捜査関係者への取材でわかった。

県警によると、一月下旬に女子高校生が自宅の浴室で男児を出産後、男子高校生に連絡し、二人で男児を屋外に運び出して殺害した疑いがある。司法解剖の結果、男児の死因は窒息死とみられ、遺体に目立った外傷はなかった。男児は産まれたその日のうちに死亡。遺体は男子高校生が一人で自宅に持ち帰り、タオルにくるみバッグに入れた状態で置いていたという。

二人は殺意があったことなど容疑を認め、「妊娠が分かってから、相談できずに悩んでいた」「どうすることもできなかった」などと話しているという。通常通りの学校生活を送っていたが、周囲も妊娠に気づいていなかったとみられるという。（略）

（朝日新聞静岡版朝刊、二〇一六年二月二十六日）

高校生二人が誰にも相談できずに、産んだ赤ちゃんを捨ててしまったという事件です。

もし、この子たちが性について学んでいたら、もし早い時期に信頼できる大人に相談していたら、こんな事態にならなかったかもしれませんね。よく「責任」という言葉が使われますが、自分たちだけでなんとかしようとするのは、責任をとることではありません。相談することがとても大切です。また、このような事件が起こると、きちんと学ばせなかった我々大人の責任でもあると痛感します。

乳児遺棄の疑い　少女二人を逮捕　足立、十七歳の母と友人

東京都足立区の荒川河川敷に乳児の遺体を遺棄したとして、警視庁捜査一課は二十六日までに、母親とその友人でいずれも十七歳の少女二人を死体遺棄の疑いで逮捕した。同課によると、二人は「赤ちゃんの遺体を捨てたことに間違いない」と容疑を認めている。

逮捕容疑は六月二十四日ごろ、足立区千住曙町の河川敷の雑草地に男の乳児の遺体を遺棄した疑い。

母親の少女は「(遺体を捨てた)前日の深夜に自宅で産んだ」と説明。出産

時の乳児の生死の状況は分かっていない。周辺の防犯カメラ映像から二人の関与が浮上した。

(日本経済新聞夕刊、二〇一九年八月二十六日)

こちらは援助交際によって妊娠し、出産しました。なぜ、援助交際をしたのか経緯を深掘りする必要がありますね。この子は先ほどの事例と違って、友達に相談したのです。でも一緒に「捨てよう」という結果になってしまった。もし、相談された子がこの授業を受けていたら、といつも思います。誰に相談するかはとても大切ですね。あなたは、信頼できる、一緒に考えてくれる大人が近くにいますか？　そしてもし、あなたが相談されたら、どんなアドバイスをしてあげられますか？　学んできたのですから、的確なアドバイスをしてほしいですね。できれば、あなたが信頼できる大人を一緒に探してあげられるといいですね。

今お話ししたこの授業、実は二〇一八年三月、東京都議会で政治家に「避妊と中絶は中学生に教える範囲ではなく、学習指導要領を逸脱している」と名指しで攻撃されました。このときから、私は子どもたちに授業後いつも、避妊と中絶の授業についてどう思うかというアンケートをとっています。授業を評価するのは子どもたちです。大人ではありません。生徒たちは「必要だ」と毎年九割以上が評価してくれます。「生きていく中で絶対に必要である」「何も知らないままでいたら、苦しむ人がいてもどうしていいか分からなかった」「知識があるからこそ、ちゃんと考えられる」と前向きなコメントを寄せてくれました。私はこのような生徒たちの前向きな意見を支えにしながらこの授業を続けています。

第6章

恋愛とデートDV

恋人同士なら当たり前？

あなたにとっては、どんな恋愛が理想的ですか？　同性間、異性間、恋愛しない人、関心がない人もいますね。

あなたの恋愛観はどんなものか、今から恋愛に関する質問をします。次のことについて、あなたはどう思うか、「はい」「いいえ」で答えてください。

クイズ3　恋人同士なんだから……

1　メールにはすぐ返信すべきだ
2　服装、ヘアスタイルを相手に注文するのは愛しているからだ
3　いつも一緒にいてほしい
4　約束事はいつも自分を優先してほしい
5　他の人とあまり仲良くしてほしくない
6　付き合っていればお互い独占してよい

7　性的接触の関係になれば自分のものだ
8　強引に性的接触を迫るのは仕方ない
9　「別れるなら死んでやる」と言うのは、それくらい愛しているからだ

どうでしょう。「そうだ、そうだ」と思うこともあれば、「ちょっと違うな」と思ったこともあるかもしれません（中三へのアンケート結果は百七十一ページ）。

恋愛ってどんな気持ちになるのでしょう。「幸せ」「ドキドキ」いろいろな感情がわき上がりますね。恋愛は二人の関係をどう築いていくかでもありますね。どんな関係になりたいですか。中学生に聞くと、二人でいると楽しく、悩みを伝え合って支え合い、ホッとする関係がいいなどと言います。

しかし、この恋愛、実はとても見えにくいのですが、暴力が存在することがあるのです。素敵な恋愛のはずが暴力に結び付くなんていやですよね。恋愛が暴力にならないためにどうしたらよいか、一緒に考えてみましょう。

次のページの漫画を見てください。

付き合っているAとB。メールの返事が返ってこず、BはAに腹を立てています。登場

人物の二人はどんな気持ちか、考えてみましょう。

中学生が話し合うとこんな答えが返ってきました。

A：「束縛しすぎで、うざい」「信用してないの？」「独占しすぎ」「自分の時間がほしい」

B：「好きで好きでたまらないから」「他の人に取られたくない」「何で自分のこと分かってくれないの？」「自分だけを見てほしい」「不安」「信用できない」

こんな関係がずっと続くとどうなりますか？　辛いし、窮屈で、対等で心地よ

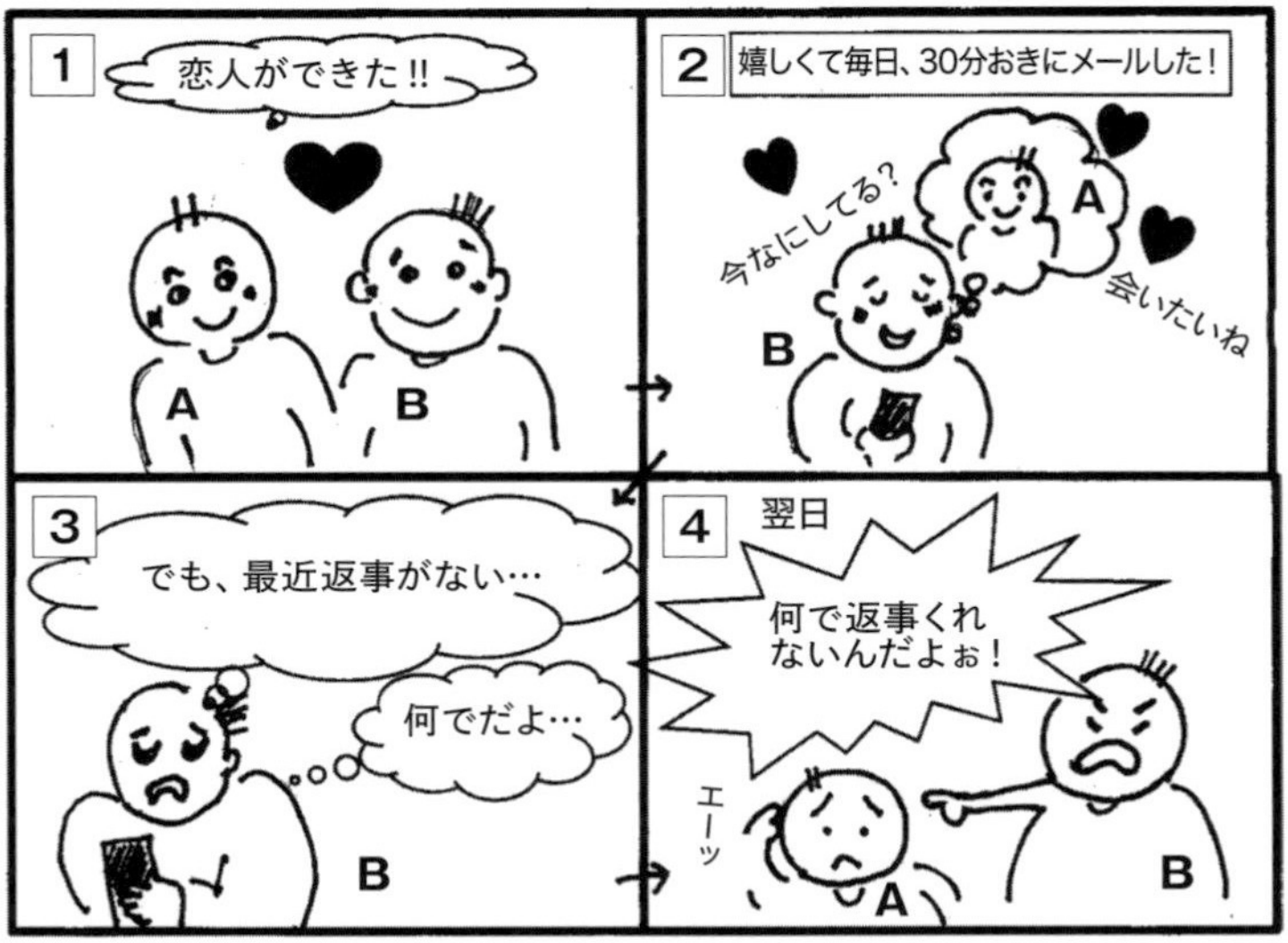

『季刊 セクシュアリティ No.62』（2013年、エイデル研究所）を参考に著者作成

い関係がつくれなくなってしまいますね。

カップルの間で相手を自分の思い通りに支配することは暴力になります。このような暴力を**ＤＶ（ドメスティック・バイオレンス）**、特に若いカップルがお付き合いをしているときや、前に付き合っていた相手との関係で起きる暴力を**デートＤＶ**と言います。

殴る・蹴るだけが暴力ではない

暴力というと、どんなイメージをもちますか？　次のページの表はいろいろな暴力の表です。殴る・蹴るなどの身体的な暴力以外にもたくさんありますね。

中学生は、殴る・蹴るのが暴力というイメージが強く、メールで行動を制限したり、スマホをのぞいたりすることは暴力ではないと考えている人が多いですが、これらはデジタル暴力です。相手の許可なく情報や写真をＳＮＳに拡散したり、スマホのＧＰＳ機能で相手を監視すること、また、必要以上に電話やＬＩＮＥなどで束縛したり、相手のスマホをチェックすることも含まれます。別れた後に、例えば抱き合っている画像を腹いせに拡散することなどは、**リベンジポルノ**といって、犯罪になります。

デートDVって何？

デートDVとは暴力をつかって、怖がらせたり傷つけたりして、相手を自分の思い通りに動かそうとする行動のことです。それは「愛」じゃなくて「暴力」です！ 人権侵害です！

いろいろな暴力がある

身体的な暴力（からだに直接振るわれる暴力）

物を投げる　唾を吐きかける　たたく
噛みつく　つかんでゆする　なぐる
部屋や家から出ないようさえぎる
監禁する　押したり突いたりする
からだを押さえつける
髪の毛を引っ張る　平手で顔をたたく
げんこつでなぐる　首を絞める
危険物や凶器を使う　など

言葉・心理的・感情的な暴力

相手に向かってばかにした言葉を言う
どなる　無視する　にらみつける
ふきげんになる　皮肉やいやみを言う
自分の暴力や態度を相手のせいにする
自殺すると言っておびやかす
秘密をばらすと言っておどす
「みんな…している」と言って仲間はずれを怖れさせる
相手を子ども扱いする　など

性的な暴力

からだについてひどいことを言う
無理にアダルトビデオを見せたりまねさせようとする
性的接触に応じないとふきげんになる
性的接触を無理強いする
避妊に協力しない
性感染症予防に協力しない　など

デジタル暴力

相手に許可なく情報や写真をSNSなどに拡散する
相手のスマホなどを使用し、行動を監視する
しょっちゅう電話やメッセージを送るように命令する
しょっちゅう電話やメッセージを送る
相手のスマホなどのメールを勝手にチェックしたりアドレスを消したりする　など

経済的・社会的な暴力

お金を払わせる　バイトをさせる
バイトをやめさせる
お金を貸すことを強いる　など

ここがポイント！　デートDV

- いくつかの暴力が重なり合って起きる。
- いつも暴力が起きるわけではない。

樋上典子他著『実践 包括的性教育』（2022 年、エイデル研究所）を参考に一部改訂

ここに挙げられている暴力は全て人権侵害です。恋愛関係だけでなく、友達、親子関係で起こる暴力にもあてはまります。

恋愛の中の暴力は気付きにくい

さて、お好み焼き屋さんに行った、ある二人の会話を見てください。実はここにも暴力が潜んでいるんですよ。

どこにでもありそうな会話です。でも一方がだんだん相手色に染まって小さくなっています。これは対等とは言えません。そして相手に支配されていることに、なかなか気付きにくいですよね。自分を出せない関係は苦しくなる可能性があります。

また、ＤＶにはサイクルがあります。

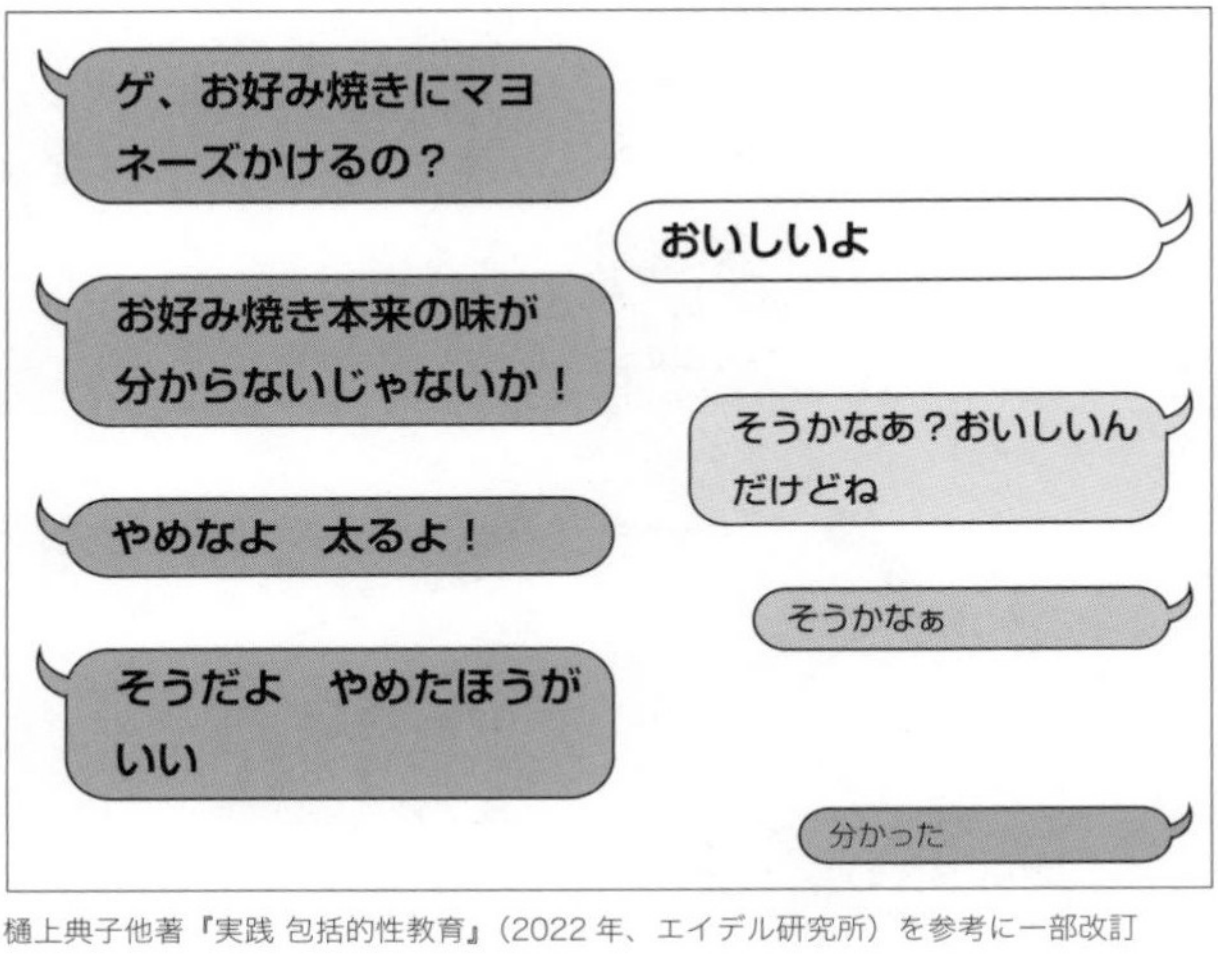
ゲ、お好み焼きにマヨネーズかけるの？
おいしいよ
お好み焼き本来の味が分からないじゃないか！
そうかなあ？おいしいんだけどね
やめなよ　太るよ！
そうかなぁ
そうだよ　やめたほうがいい
分かった

樋上典子他著『実践 包括的性教育』（2022 年、エイデル研究所）を参考に一部改訂

「どうしてメールくれないんだ！」とイライラする。緊張期が過ぎると、次第に腹が立って爆発する。ひどいことを言ったり、暴力を振るったりすることもある。この爆発期を過ぎると、今度は「ごめんね、暴力振るって。もう二度としないよ。愛してる」「私も愛してる」と開放（ハネムーン）期に入ります。「やっぱり私がいないとだめなんだ」「もう一回やり直そう」そんな気になって、このサイクルが続いていきます。いつも暴力を振るわれているわけではない。だから一層ＤＶだと気付きにくい原因でもあるのです。

では、左の図のやり取りはどうでしょう。これもよくありがちな会話ですね。実はこれも相手を自分の思い通りにしようとしています。

誰もがデートＤＶの被害者、加害者になりうるかもしれません。

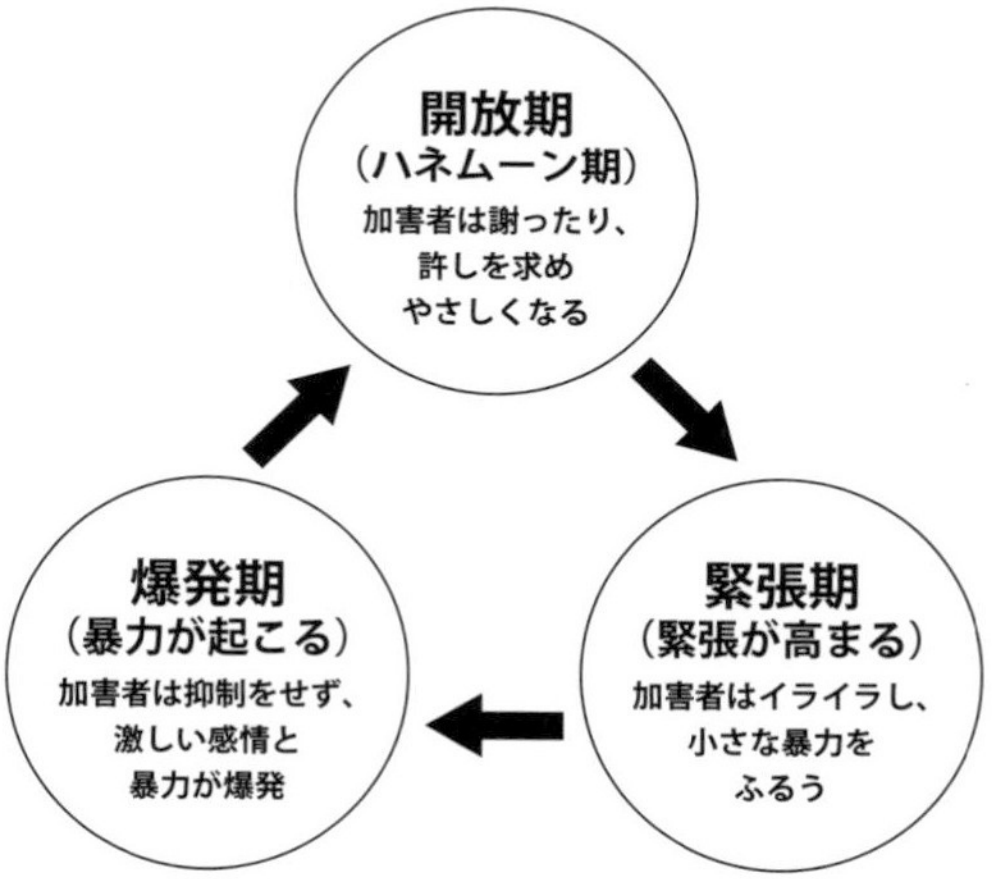
開放期
（ハネムーン期）
加害者は謝ったり、
許しを求め
やさしくなる
緊張期
（緊張が高まる）
加害者はイライラし、
小さな暴力を
ふるう
爆発期
（暴力が起こる）
加害者は抑制をせず、
激しい感情と
暴力が爆発

私も大好きな人から「一日二十回メールしよう」と言われたら「する、する！」と言ってしまうと思います。でも忙しくてメールできなかったり、あるいは恋人からメールが来なくてイライラし、お互い、いがみ合うようになるかもしれません。二人の関係がおかしいなと思ったとき、「これはデートＤＶかも」と気付き、二人で関係性を見直し、これからのことを話し合えるようになるといいですね。

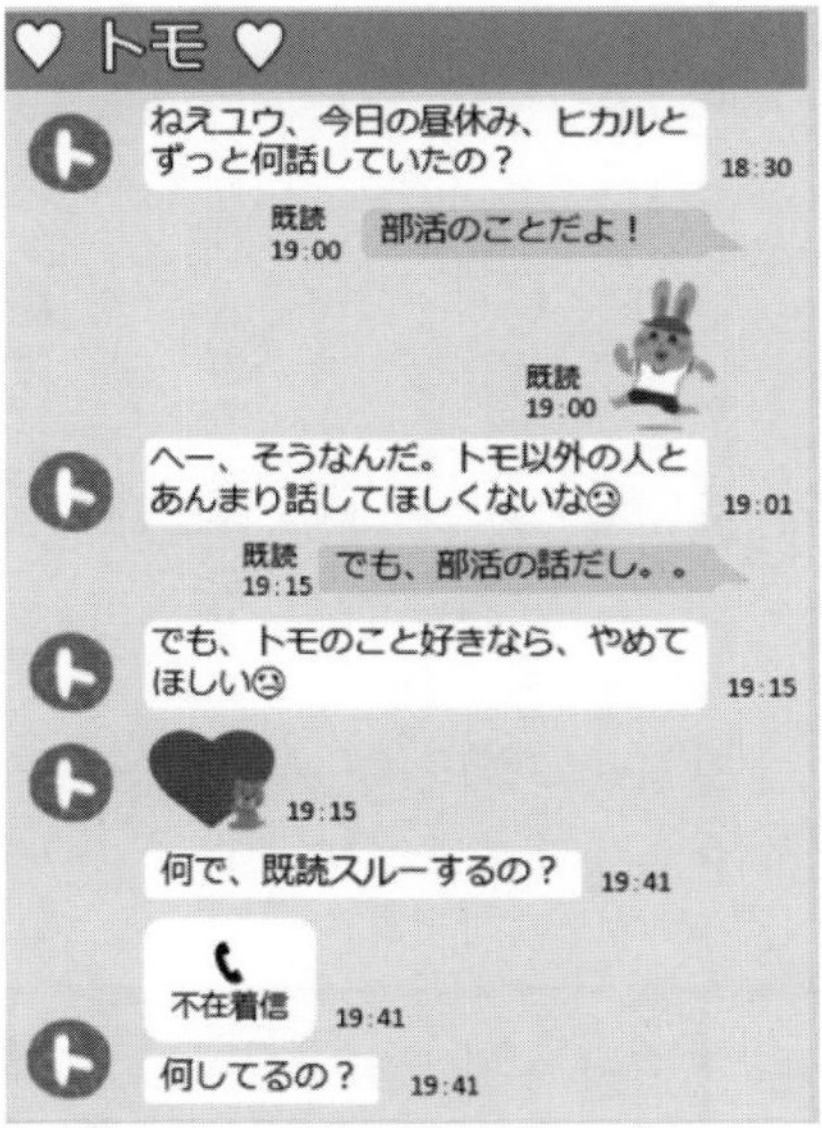
♥ トモ ♥
ねえユウ、今日の昼休み、ヒカルとずっと何話していたの？
18:30
既読 19:00
部活のことだよ！
既読 19:00
へー、そうなんだ。トモ以外の人とあんまり話してほしくないな
19:01
既読 19:15
でも、部活の話だし。。
でも、トモのこと好きなら、やめてほしい
19:15
19:15
何で、既読スルーするの？
19:41
不在着信
19:41
何してるの？
19:41
授業用資料として堀川修平が作成・提供

この章の冒頭で紹介した九個の質問、「付き合っていれば当然」と思うことが結構ありませんか？　好きだから嫉妬し、拘束したくなる気持ちがわくことがあっても、それを暴力という形で表現してはいけません。束縛は愛の証ではありません。嫉妬されているのは愛されているのではなく、信頼されていないということです。友達、あるいはパートナーと

一つ一つの項目について話し合ってみるといいですね。

どんなに好きでも相手と自分は別の人間で、考えが異なります。だから、「違う」ということを前提に話をしてお互いを少しずつ分かっていくことが大切ですね。

ではお互いに対等で平等な関係を築くためにはどうしたらよいのか、漫画を見ながら解決策を探っていきましょう。

ここでの暴力は何でしょう。スマホをチェックする、データを消すのはもちろん暴力です。

あなたは恋愛について困ったこと

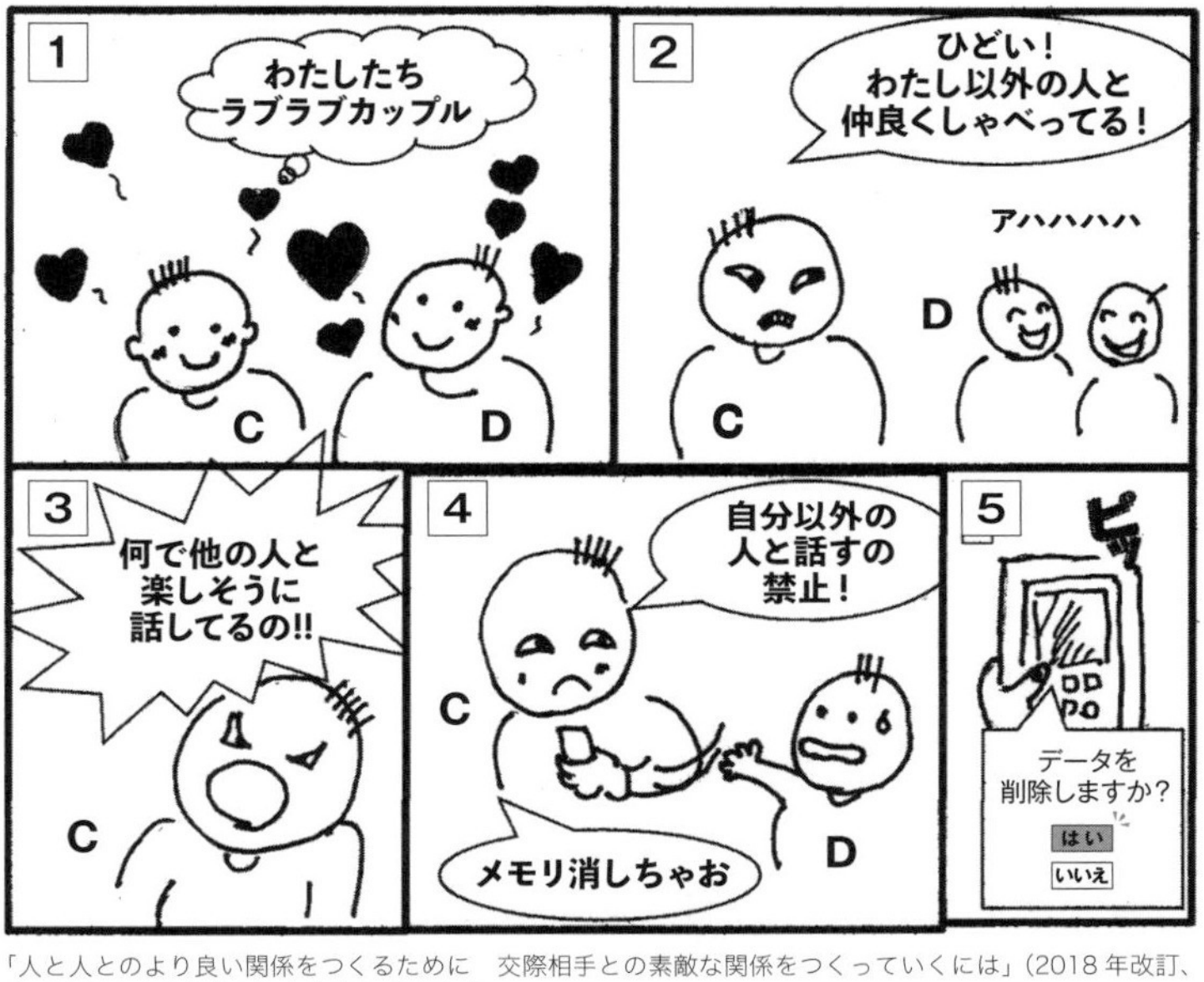

「人と人とのより良い関係をつくるために　交際相手との素敵な関係をつくっていくには」（2018 年改訂、内閣府男女共同参画局）を参考に著者作成

があったら、誰に相談しますか。親より、友達にする場合が多いと思います。ですから、ここではあなたは「相談役」になって考えてもらいます。

あまり加害者・被害者と決めつけるのはよくないのですが、ここでは加害者をC、被害者をDとします。

加害者のCから「Dが他の人としゃべると、イライラしちゃう。どうしたらいいのかな?」と相談されたら?

被害者のDから「他の人としゃべると、Cがすぐに怒っちゃう。スマホのメモリも消されちゃって、どうしよう」と相談されたら?

あなたはどんなアドバイスをしてあげますか?

こんな風に言ってあげられるといいですね。

〈加害者のCに〉

まず、「それはデートDVって言うんだよ。相手に怖いと思わせたり、自信を失わせたりしたら、暴力なんだよ」と気付かせてあげましょう。

「思い通りにならなくて腹が立つ気持ちは分かるよ」と共感してあげると相手

はホッとしますね。また、「イライラした気持ちを暴力で表現すると、お互いが辛いよね、大事な人を傷つけてしまうよ。話し合うことが大切」と言ってあげるとよいかもしれません。

「お互い違う人間だからちょっと違う視点で考えてみるといいよ」「恋人はこうあるべきという思い込みや、「男はリードすべきだ」「女は料理するべきだ」というジェンダーバイアスがあるとデートDVにつながる可能性があるんだよ」と言い、恋愛のあり方についてたくさん話し合えるといいですね。

〈被害者のDに〉

やはりCと同じで、DVであること、何があっても暴力はあってはならないこと、言葉で伝え合う大切さと、恋愛の思い込みについて話すとよいですね。

気を付けたいのは、簡単に「別れた方がいい」と言うことです。「そういう相手を選んだあなたも悪い」というメッセージに聞こえてしまう場合もあります。あくまでも決めるのは当事者です。

相談されても、自分の手に負えない、深刻だと感じたときはいろいろな相談機関があることを伝えましょう（巻末参照）。電話やＳＮＳで相談できることも伝えてあげてください。

周囲の人に相談することの多い女子に比べ、男子は誰にも相談しない傾向があります。「男が恋愛について相談するのは恥ずかしい」というのも思い込みですね。勇気を振り絞って相談してくれた友達に「辛かったね。相談してくれてありがとう」と一言言うことで、その友達は安心します。

今は各自治体でデートＤＶについてのリーフレットなども用意しています。こういうものを見ながら、二人で自分たちの関係を振り返ってみることもいいですね。

でも話し合ってもうまくいかないことがあります。別れを切り出されることもあるかもしれません。辛いですね。でも、自分の方に向いていない相手を無理やり向かせるのは自分自身が辛くなると思いませんか。そして、別れを悪いこととして捉えるのでなく、この先楽しいことがきっとたくさんあると言い聞かせ、自分を乗り越える人生の勉強だと思いながら、前向きに捉えられるようになるといいですね。そうするとあなたはぐんと成長しますよ。

生徒の中から、「愛しすぎるから暴力が起こる」という意見が時々出ます。果たしてそうでしょうか。愛しすぎることは悪いことですか？ 違いますね。愛することと暴力は別物です。暴力はその人の人権意識が低いから起こるのです。相手に人権意識があるかどうかは、お付き合いするための、大切な判断基準だと私は思います。それを見分ける力をあなたにもつけてほしいですね。そのためには「人権」についての学びをすることが必要です。

パートナーが急にキスをしてきたら？

百三十一ページの「恋人同士なんだから、強引に性的接触を迫るのは仕方ない」という質問について考えましょう。

これについてあなたはどう思いますか？ パートナーが急にキスしてきたら、恋人同士であれば受け入れるのが当然ですか？ 違いますね。

自分のからだにいつ誰が触れてよいかを決めるのは、パートナーではなく自分です。あなたには自分のからだに誰がどのようにふれてよいのかを決める権利があります。だから「あうんの呼吸」でなく、言葉で明確な確認をすること、つまり**性的同意**をすることが必要です。

バウンダリーという言葉を聞いたことはありますか？　最近よく使われる言葉で、目に見えない境界線とも言われます。直接からだに触れるということだけでなく、人に踏み込まれたくないという境界線は誰もがもっています。境界線は、からだはもちろん、もち物にもあるし、心の中にもあります。

この境界線は自分で決めることができます。人によって違うので、相手に対して、どこまで境界線を越えてよいのかを考えなければいけませんね。こ

バウンダリー（境界線）とは、
透明なバリアのようなもの。

Q　境界は、いつも・どこでも・誰に対しても一定？

れは相手との関係性によって変わってきます。また、ときや場所によっても変わってきます。恋人同士でも、相手にしてほしいことやしてほしくないことをきちんと伝えることが必要です。そして、友達同士でも、親子でも同じです。

同意に関して、アメリカのアニメーターのレイチェル・ブライアンさんが制作した分かりやすい動画が二つありますので紹介します。

一つ目は「Consent for kids（子どものための同意）」という

A　境界は、時間・場所・関係性で変化する！

動画です。自分のからだをどうするかは自分で決める、つまりからだの自己決定権について紹介しています。握手やハグが好きな人もいれば、そうでない人もいます。誰かにそうしたいと思ったとき、必ず相手に尋ね、同意を得ることが必要です。また、自分が大人にそのようなことを求められたときは、信頼できる大人に相談しましょう。

二つ目は「Tea Concent（紅茶と同意）」という動画です。からだのふれあいを紅茶に例え、どちらも同じように相手への確認や同意が必要であることを分かりやすく説明しています。「紅茶を出すときは、まず相手に飲みたいか聞こう」「飲みたくないと言った人に、無理やり飲ませてはいけない」「意識のない人に飲ませるのもだめ」「前に紅茶を飲みたいと言った人でも、いつも紅茶を飲みたいわけではない」。誰かのからだにふれるときも、全く同じことが言えますね。相手が望まないふれあいは、暴力なのです。

なぜ、中学生にこのような授業をするのでしょう。まだ恋愛にどっぷりとつかっていない中学生だからこそ、恋愛について客観的に、そして冷静に考えることが可能でもあります。将来暴力のない恋愛をつくっていくために、また、心地よい関係を築くためには、それぞれがきちんと対等であるかを考えていくことが大切です。

支配関係が生まれるものは全て暴力

残念ながらこの世の中には性暴力がいろいろな形で存在します。レイプ（強かん）、ストーカー、児童ポルノ、痴漢、盗撮、性虐待など、全て人権を侵害するものばかりです。お金で性を売る・買う、つまり性売買も同じです。ＪＫビジネス、ブルセラなど、セックスはしなくてもデートをしたり、下着などを渡したりしてお金をもらう。これも性売買です。お金による支配関係が生まれます。対等でないと考えれば私はこれも一つの暴力だと思っています。また、売る側だけがクローズアップされがちですが、買う側に大きな問題があります。性の学びをしてこなかった大人の側にも大きな責任があります。「お金がもらえるんだからいいじゃない」という声が中学生から時々出ます。皆さんはどう思いますか？

売り手は主に女性です。経済格差によって女性の側（特に母子家庭）が貧困と隣り合わせであるという社会構造についても私たちは考えていかなければなりません。性売買の問題はとても深い問題なのです。

刑法が変わったよ

明治時代につくられた刑法が二〇一七年に改正されました。およそ百十年間も変わっていなかったのですね。強かんされても、性的虐待を受けてもなかなか立証できなかったり、言えなかったり、苦しい思いをしてきた人がたくさんいました。男性目線の刑法から、被害者中心の刑法をつくろうということで被害者らが立ち上がり、法律を変えてほしいと声を上げてきました。二〇二三年七月にさらに見直されたものが施行されることになりました。

主な変更は、

一　強制性交等罪・準強制性交等罪↓不同意性交等罪へ名称変更
「性的同意」がない性行為は犯罪になります。
「暴行や脅迫」はもちろん、アルコールや薬物の摂取で意識がないとき、長年にわたって性的虐待を受けてきた場合、教師と生徒など「経済的・社会的関係の地位に基づく影響」がある場合です。

ようするに明確な「性的同意」が必要だということです。

二 時効の見直し

被害にあってからすぐに訴え出るのが難しいという性被害の特徴を踏まえて、不同意性交等罪は十年から十五年に。そして十八歳未満の子どもは被害を認識できるまでにより時間がかかることなどから、十八歳になるまでは事実上、時効が適用されないことも盛り込まれました。

三 性交同意年齢の引き上げ

性行為への同意を判断できるとみなす年齢も見直され、「十三歳以上」から「十六歳以上」に引き上げられました。十六歳にならない子どもに性行為をすると犯罪になる法律です。では十五歳同士で性行為をした場合はどうなるでしょう。この場合は対象になりませんが、相手と五歳以上差がある場合は犯罪になる可能性があります。これはある意味、子どもを守るためにつくられたものと言われています。

四 盗撮を防ぐため、わいせつな画像を撮影したり、第三者に提供したりする行為などを取り締まるための「撮影罪」も新たに設けられました。

この新しい法律には、まだ多くの課題も残っています。加害者、被害者を出さないために、今後もみんなで意見を出し合っていく必要があります。

第7章

日本の性教育を変えていこう

どこかおかしい教科書

今まで、たくさんのことを皆さんに伝えてきました。どうでしたか？

性は多様であり、自分自身も相手もその中に位置付けられる対等な存在であることをお伝えしました。「からだ」について知ることは「いのち」を守ることにつながること。胎内で「生きるトレーニング」をして生まれてきたあなたたちは、みんな等しく「生きる権利」、そして「大切にされる権利」があること。そして最後は、人との柔らかい関係をつくるためには、相手と対等・平等であることが大切であることを伝えました。

難しいところもあったかもしれませんが、「性は大切なこと」と理解してくれただけでも嬉しいです。これまで「性の学習」で学んだ情報は自分にとっても、そして誰かと関係をつくるときにもとても大切になります。性は一生向き合っていくものです。あなたの幸せのためにもこれからも性について学び続けてほしいと思います。

さて、今日本の学校ではどのような性教育がされているのでしょうか。一言で言えば、大変あいまいでぼかしており、分かりにくいところがたくさんあります。

文部科学省の学習指導要領（学校で教える基準となるもの）では中学校保健体育科の

学習について、こんな風に書いてあります。「妊娠や出産が可能となるような成熟が始まるという観点から、受精・妊娠を取り扱うものとし、妊娠の経過は取り扱わないものとする」。これはどういう意味だか理解できますか？　多くの人は理解できないと思います。月経と射精が始まる可能性がある思春期の子どもたちに「異性間で性交をすれば妊娠する可能性がある」ということをきちんと明記する必要があるのではないでしょうか。

教科書には「性交」という言葉は一切載っていません。どのような行為をしたら女性のからだに精子が入ってくるかの説明はなく、あいまいに表現されています。「性交によって」という文言を入れるだけでスッキリするのですが、性交を教えることは過激すぎるという大人側の考えがあります。このように、「性交については中学で扱わない」という学習指導要領は、いわゆる「はどめ規定」と呼ばれています。

文部科学省は、「性交について教えてはいけないとは言っていない」と言っていますが、学習指導要領や教科書を見ても、教えることへのプレッシャーを教員らに与えているのは言うまでもありません。

この結果、卵子と精子がどうやって結ばれるのかわからないまま成長する子どもも実際にいます。「どうやってくっつくのですか」という生徒の質問に、教師が「高校で学びますから、今は教えられません」と答えざるを得ない状況もあるのです。子どもが知りたいときに、正しい情報が入ればよいのですが、先にお話をした性に関する情報入手方法の実態（十八ページ）を見るとポジティブに性を受け止められているとは言い難い状況があります。

しかし、保健体育科の中学三年生で習う教科書の性感染症の項目では、コンドームの有効性について書かれています。性交を教えずに、コンドームが有効であると書かれていてもきちんと理解することができるのか甚だ疑問です。これでは自分やパートナーのからだを守ることができないのではないでしょうか。

また、月経や射精については「これから命を産み出す」と説明されている教科書もあります。間違いではありませんが、誰もが子どもを産むわけではないので、一生付き合っていく月経や射精をどう捉えるかを、もう少し深堀りするべきではないかと思います。もちろん、避妊や人工妊娠中絶についても触れられてはいません。

そして、異性愛主義的なところも日本の教科書の特徴です。「いろいろな性がある」はずなのに、本文には「思春期になると異性への関心が高まったりする」とはっきり書かれています。でも、章末に「多様な性」について苦慮しながら説明している教科書が多くなってきました。

なぜ、このような教科書なのか。教科書検定というものがあり、問題とされる部分については削除や変更を求められるのです。この検定を通過しなければ教科書にしてくれないのです。

「生命《いのち》の安全教育」の課題点

子どもたちへの性暴力が深刻化する状況を受けて、二〇一七年の刑法改正と並行して、二〇二三年四月から全国の学校で「生命《いのち》の安全教育」が実施されるようになりました。これは子どもたちを被害者、加害者、傍観者にさせないというねらいのもと行うことになっています。文科省から授業で使う教材なども各学校に送られてきました。しかし、プライベートパーツは自分だけの大切なところと言いながらも、そこには性器の名称がありません。また、なぜ大切なところなのかの説明もありません。そして、人との距離感だけが強調され、人にとって大切な「ふれあい」の大切さについて語られることはありません。

ある自治体では「生命《いのち》の安全教育で望まない妊娠をさせない」という文言を付けてリーフレットが配られました。中を見てみると、避妊のことには一切触れず「人と距離感を！」と強調しているのです。確かに人に触れなければ、妊娠もしないし、性感染症にも罹患しません。でも、これでは何の解決にならないと思いませんか。

なぜこうなってしまうのか。それは先ほどお話しした学習指導要領にいわゆる「はどめ規定」があるからです。

性教育をバッシングする大人たち

一九八〇年代後半、ＨＩＶが世界中に蔓延し、日本でもＨＩＶ感染者が増加し、「セックスをすると感染する」というエイズパニックが起こりました。そのため、「性教育が必要」という声が上がり、若かった私もいろいろなところで勉強し、実践発表などを意欲的に行ってきました。一九九二年は性教育元年と言われ、学習指導要領に性教育の重要性が示され、各地で勉強会が積極的に行われていました。

しかし、政治家たちから「行き過ぎている」という声が上がり、いろいろなところで性教育への攻撃が起こりました。

二〇〇二年には、夏休みを控えた中高生に正しい知識をもたせ、性非行を防止する目的で厚労省の外郭団体がつくった『思春期のためのラブ&ボディBOOK』が全国の公立中学校に配られました。性交、ピルについても正しく、詳しく載っていました。しかし、「誤解を招く表現がある」と全て回収されてしまいました。

その後、二〇〇三年、都立七生養護学校（現・特別支援学校）で行われていた性教育に対して、苛烈な攻撃がされました。突然、学校に都議会議員と新聞社の人が入り込み、「教材を見せろ」と言い、教材をたくさん没収しました。その中の教材に「スージーとフレッド」という人形がありました。この人形は性器がついており、知的障害がありなかなか理解できない子どもたちのために卵子と精子がどう合体するのかを分かりやすく教えるものでした。先生たちはいつも授業のとき、「勉強のために洋服を脱がせていいですか？」と人形に聞いてから服を脱がせていました。しかし、議員や新聞記者たちはいきなり人形の下半身の部分だけを脱がせ、写真に撮り「まるで学校はアダルトショップのよう」という見出しを付けて報道しました。

その後、性教育は大きな問題だと国会でも取り上げられました。いろいろな理由をつけられ、都立七生養護学校の校長先生が降格させられたり、多くの教員が厳重注意の処分を受け、無理やり他の学校に転勤させられました。この実践は東京都の校長会では素晴らしいと評価されていたものでした。それが一部の政治家によって一転し、この事件から、「性教育」という言葉は教育界から消えたといってもいいでしょう。

私も養護学校や公立中学校で意欲的に性教育をやってきましたが、危険人物として教育委員会に呼ばれたことが何回かありました。ずっと一緒に性教育を進めていた教育委員会の人が手のひらを返す姿を見て、怒りがこみ上げ、「性交を教えないでどうやって性感染症を予防できるのか」と詰め寄ったこともありました。

子どもたちには必要な教育だと行ってきた実践に対する苛烈なバッシング。黙ってはいられません。七生養護学校の教員、保護者らが立ち上がり、裁判を起こしました。

十年間という長い闘いの末、二〇一三年に全面勝訴し、校長の降格、処分なども取り消されました。裁判官が述べた判決文は、今でも頭に焼き付いています。「知的障害を有する児童・生徒は、肉体的には健常な児童・生徒と変わらないのに、理解力、判断力、想像力、表現力、適応力等が十分備わっていないがゆえに、また、性の被害者あるいは加害者になりやすいことから、むしろ、より早期に、より平易に、より具体的（視覚的）に、より明瞭に、より端的に、より誇張して、繰り返し教えるということなどが「発達段階に応じた」教育であるという考え方も、十分に成り立ち得る」。

この言葉を聞いて、涙が出るほど嬉しかったです。でも七生養護学校の事件以来、十年以上性教育が十分できなかった後遺症、攻撃されるかもしれないという現場の萎縮は今でも続いています。

しかし、この勝訴の判決から性教育に関する本などが多く出版されるようになり、少しずつ世の中は前進しています。

先ほど、避妊と人工妊娠中絶のところでもお話ししましたが、二〇一八年、七生養護のときにも攻撃してきた都議会議員が「学習指導要領を逸脱した避妊と人工妊娠中絶の授業を行っている」と学校名、校長名、授業者名を挙げて攻撃してきました。東京都教育委員会の担当者は「問題があるから指導します」と答えました。しかし、ずっと実践を見守ってくれていた足立区教育委員会は「その教育は絶対に必要」と言い、世論も「大切な教育」という声を上げ、賛同署名もたくさん集まりました。

最終的に東京都教育委員会は「個別指導」から「複数同時指導可」、つまり学級で行うことを可能としました（学習指導要領を超える場合は保護者に了承をとれば、学級や学年で扱ってもよいという条件付きでした）。また、産婦人科医による外部講師の派遣について予算をつけてくれました。東京都教育委員会からは「いつもどおりやってください」と言われ、今も続けています。

でも、ちょっと考えてみてください。

誰だって性について学ぶ権利がある

そもそも学習指導要領とは、学校教育法に基づき各学校の教育課程を編成する際の基準です。子どもの実態に応じて、学校によってカリキュラムを組んでくださいというものです。「最低限これを教えてください」というのが学習指導要領ですから、攻撃される言われはないのです。

性教育について、今までは学習指導要領を超える場合の方法は「個別指導」という表現でした。この個別指導、イメージできますか？「あなた、性交渉をすぐにしそうだから教えてあげる」ということでしょうか。それはおかしいですよね。結局、妊娠が発覚してから、危険な性的関係が発覚してからというケースが多いのではないでしょうか。

また、「保護者が了承すれば」と言っていますが、本人が受けたいというのに、保護者が「受けさせたくない」といったら、授業に参加させないのでしょうか。子どもの学習の権利はどうなるのでしょう。

もし、受けさせたくないという保護者がいた場合のことを考えて、「個別学習として図書室で調べ学習をする」という指導案を、当時応援してくれていた校長先生が一生懸命つくってくれました。しかし、受けさせたくないという保護者は一人もおらず、今までもそんなことは言われたこともありませんでした。時々、保護者も授業参観に来てくれましたが、「なかなか家庭でできないから、やってくれてありがたい」「学校だとみんなの意見が聞けていい」とポジティブな意見をたくさんもらいました。

多くの先生たちは「性教育は大切なこと」と思っています。しかし、バッシングを受けるかもしれないという恐怖や煩わしさが学校現場にあるのが日本の現状です。

攻撃してきた都議会議員は「保護者から相談があったから」と言っていましたが、攻撃してきた議員は日野市、うちの中学校は足立区で東京の端っこどうし。苦情があるなら足立区の議員に行くはずです。多分、スパイが入っていたのではないかと私は思います。見たことがない男性がいたので声をかけたら、慌てて逃げていきました。今までもさまざまな性教育の研究会で執拗に攻撃をしてきたのが旧統一協会（世界平和統一家庭連合）という宗教団体でしたので、そのとき私は「多分、統一協会の人だろうな」と思っていました。しかし、「なぜ、政治家が統一協会のたった一人の話を聞いただけであれだけの攻撃をするのか」と疑問に思っていました。しかし、二〇二二年七月、安倍晋三元首相の襲撃事件があって旧統一協会と政治との深い関係が少しずつ明るみに出てきました。私たちが目指している性教育に対して批判的、否定的であること、同性婚や選択的夫婦別姓制度がなかなか成立しないことと深く関係しているのではないか。これから徹底的に追及してほしいと願っています。

どうして政治家たちは性教育を攻撃してくるのでしょう。そもそも政治家は、政治的意見を子どもたちに与えてはならないという観点から、学校教育について介入してはいけないという決まりがあります（教育基本法第八条）。それでも攻撃してくるのはなぜでしょう。

今まで私が紹介してきたこの包括的性教育は「一人ひとりの人権を大切にする」という観点から学ぶものです。今主流の政治家らの考えには「伝統的な家族」の形を崩したくないという思いがあるようです。そのため、「中学生にセックスをそそのかして家庭を崩壊させることを狙っている」と大きな勘違いをして攻撃する人がおり、例えば同性婚や選択的夫婦別姓制度など、女性の権利やジェンダー平等に関わる政策には反対し続けているのです。自分の生き方は自分自身で決める。そして人を大切にする。そのためには一生向き合っていく性について学ぶ権利が誰にでもあるはずです。

誰もが生きやすい世の中をつくるためにも、今までお話ししたことを最低限学習するべきだと思っています。子どもにとって大切な性の学びを届けるためには、まず大人が包括的性教育の必要性を理解することが大切です。

エピローグ

対等で尊重し合える社会を目指すために

さあ、皆さんの「性」に対するイメージ、変わってくれたでしょうか。「性の学び」は大切だと思ってくれただけでも嬉しいです。

中学校で一番最初にやる授業は「性機能の発達」です。大人になるとどんな変化が現れるか、ワークシートに書いてくださいと言いますが（八十一ページ）、恥ずかしくて書けない子がたくさんいます。そのため、「わき毛」「ひげ」などの黒板に貼るカードを渡しています。すると、「性毛」「乳房が大きくなる」なんていうカードを取ったら、「キーキー。キャーキャー」。「月経」「射精」なんていうカードを取ったら、ますます大騒ぎ。しかし、授業を進めていくと、顔つきがだんだん変わってきます。「これは大切なことだ」と認識するのです。そして、三年間続けることによって性について真面目に、真剣に語り合えるようになってきます。性に関する悩みを気兼ねなく相談してくれる生徒も増えてきました。

何より、言葉にしなくても「本当のことを教えてくれてありがとう」という思いが伝わり、生徒との関係がよりよくなることを実感してきました。

変わるのは、子どもたちだけではありません。一緒に実践をしてきた大人も変わってきます。授業をするためには勉強をしなければいけません。勉強をすればするほど性をポジティブに受け止められるようになり、「いろいろな生き方があっていいということを学び、自分自身が生きやすくなった」と言う先生もいました。また、子どもたちから教わることも多くあったようです。例えば、「先生、性はグラデーションなんだよ」と子どもたちに教えられたり、英語の先生に「三人称の she や he って決められない人は何て言うんですか」という質問がきたり。先生自身も今まで生きてきた上の認識が変容してきました。

普段の学校の活動でも、男女をただ単にわけるのでなく、席順をバラバラにしたり、カードの男女の色の区別をやめたり、少しずつ、どの子どもたちにとっても過ごしやすい学校づくりを意識するようになりました。また、「男女混合名簿」「男女共修の保健体育」なども全国で推進されるようになってきました。

性教育を進めていくことで、子どもが変わる、大人が変わる、そしてそれは誰もが過ごしやすい「学校」をつくることにつながるのです。

からだについて科学的に学ぶこと、対等な関係を築き、全ての人が尊重され、誰もが幸せになることを目標とする性教育を**包括的性教育**と言います。今までお話ししてきたことは、その一端です。性は思春期のことだけはありません。性を学ぶことは誰にとっても大切な権利であり、性は生涯向き合っていくもの。ですから、幸せな人生を送るためにも、これからも性を学び続けてください。

残念ながらほとんどの学校でこのような「性の学習」は行われていません。あなたの周りのほとんどの大人も性について学んでいません。あなたが学んだことを多くの人と共有していけるとよいですね。もし、悩んでいる人や差別的な発言をしている人がいたら、今回学んだことを教えてあげてください。

そして、おかしいと思ったことに対して「声をあげる」大切さも学びましたね。声をあげることで社会が変わってきたことも学習しました。学んだことを広げ、実際に行動していってほしいと思います。

人生、楽しいことだけでなく、辛いこと、悲しいこと、失敗もあります。それを乗り越える力を人間はもっています。一人で解決できなければ、身近な大人、そしてたくさんの相談機関があります。誰かが必ず手を差し伸べてくれるはずです。

まだまだ、伝え足りないことが多々あります。

ぜひ、巻末の参考サイトや文献を見てください。役立つ情報がたくさんあります。退職してからの第二の人生では、「包括的性教育」の大切さを広げられるよう、私も声を上げ続けていきたいと思います。

さいごに

中学生の皆さんは今、大人になろうとしています。本書を手に取り、自分の生き方の豊かさにつなげてくれたらとても嬉しいです。

本書を執筆・刊行するにあたって、皓星社主催の性教育連続講座を三回開きました。多くの方々からのご意見をいただきながら、執筆をスタートすることになりました。

授業を一緒に創り上げてきた大学の先生方との出会いは私自身を大きく変容させました。そして今回、本書完成に向けて埼玉大学の渡辺大輔さんには「性の多様性」について、たくさんの御助言を頂戴しました。この場を借りて心より感謝申し上げます。

末筆になりますが、皓星社の晴山生菜さん、楠本夏菜さんには編集の際、何度も書き直しにご尽力いただいたことに厚く御礼申し上げます。

事前アンケート結果

（2024 年 1 月、A 中学校 1 年生 183 人）

Q1　女性はみんな料理が得意である。

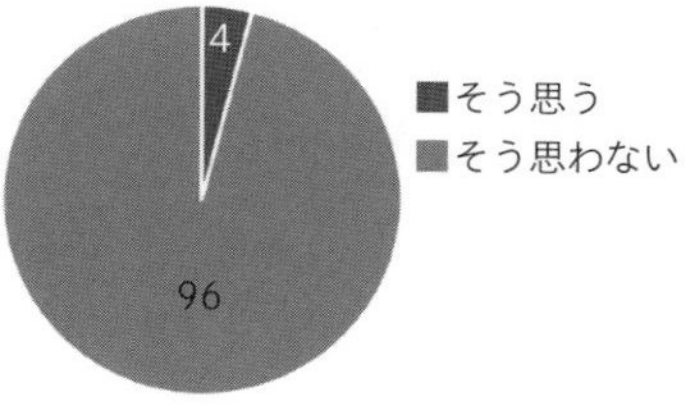

Q2　男性はみんな筋力が強い。

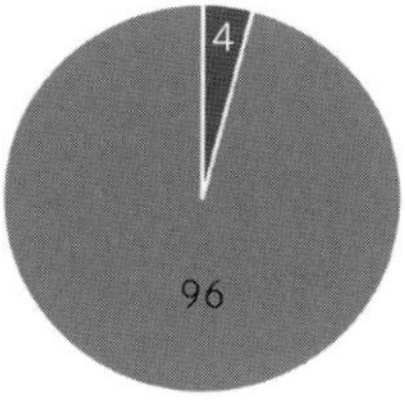

どれも性別にかかわらず、人それぞれだよね。あなたは何が得意で何が苦手？

Q3　思春期になると誰もが異性に恋心をもつようになる。

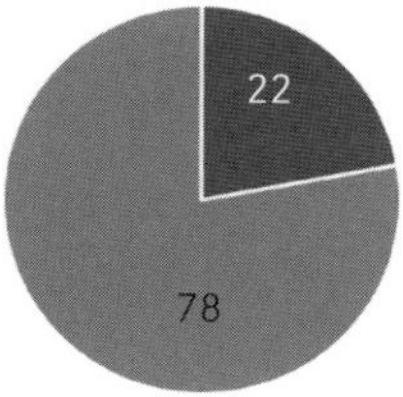

異性、同性、両性に恋心をもったり、誰にももたなかったり、人それぞれだよね。

Q4　「LGBT」という言葉を知っている。

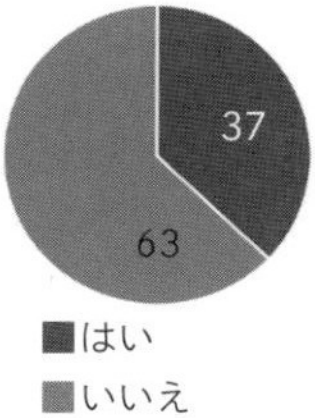

異性が好きなことを「ヘテロセクシュアル（異性愛）」っていうけど、女性が好きな女性をレズビアン（L）、男性が好きな男性をゲイ（G）、両性が好きなことをバイセクシュアル（B）、それにトランスジェンダー（T）の頭文字を合わせたものだよ。

Q5　異性を好きになるのも、同性を好きになるのも自然なことだ。

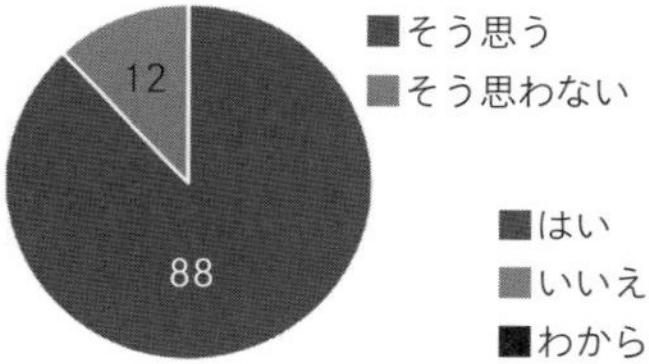

Q6　「シスジェンダー」という言葉を知っている。

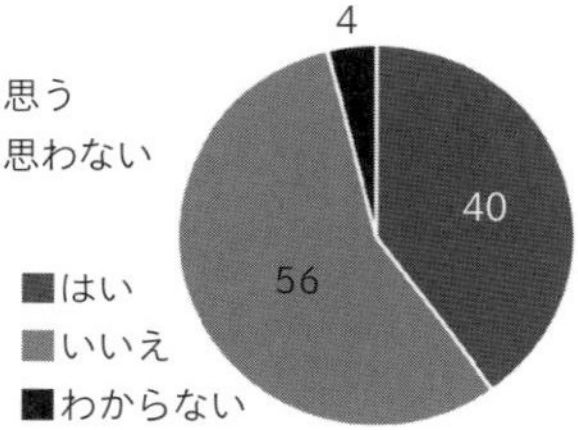

生まれたときに割り当てられた性別のまま生きることを「シスジェンダー」、生まれたときに割り当てられた性別とは異なる性別で生きることは「トランスジェンダー」っていうよ。どれも人として自然なこと。

Q7　自分のからだの性別に違和感をもつ人と、もたない人がいる。

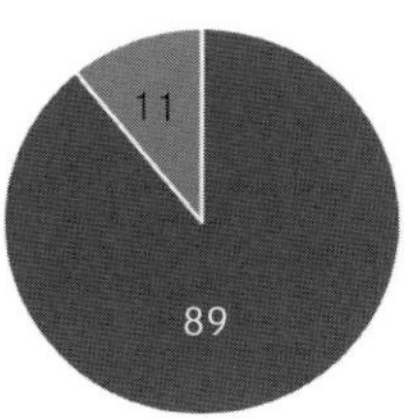

自分のからだの性別に違和感をもつ人と、もたない人がいる。

Q 8　日本には同性パートナーを認める制度を持つ地域がある。

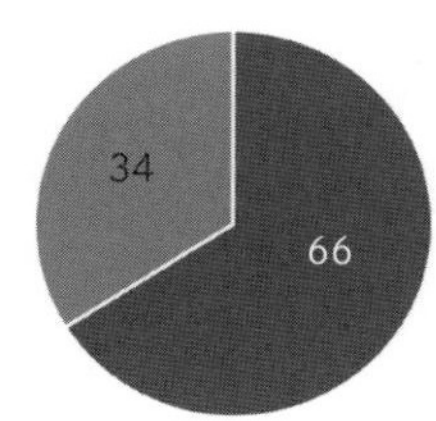

日本は同性で結婚はできないけど、都道府県や市区町村でパートナーシップ制度をもっているのは 458 自治体あるよ（2024 年 5 月）。

授業内アンケート結果

（2023 年 10 月、A中学校 3 年生 140 人）

Q1　中学生が付き合うとは、具体的にどういうこと？（当てはまるもの全てに○）（人）

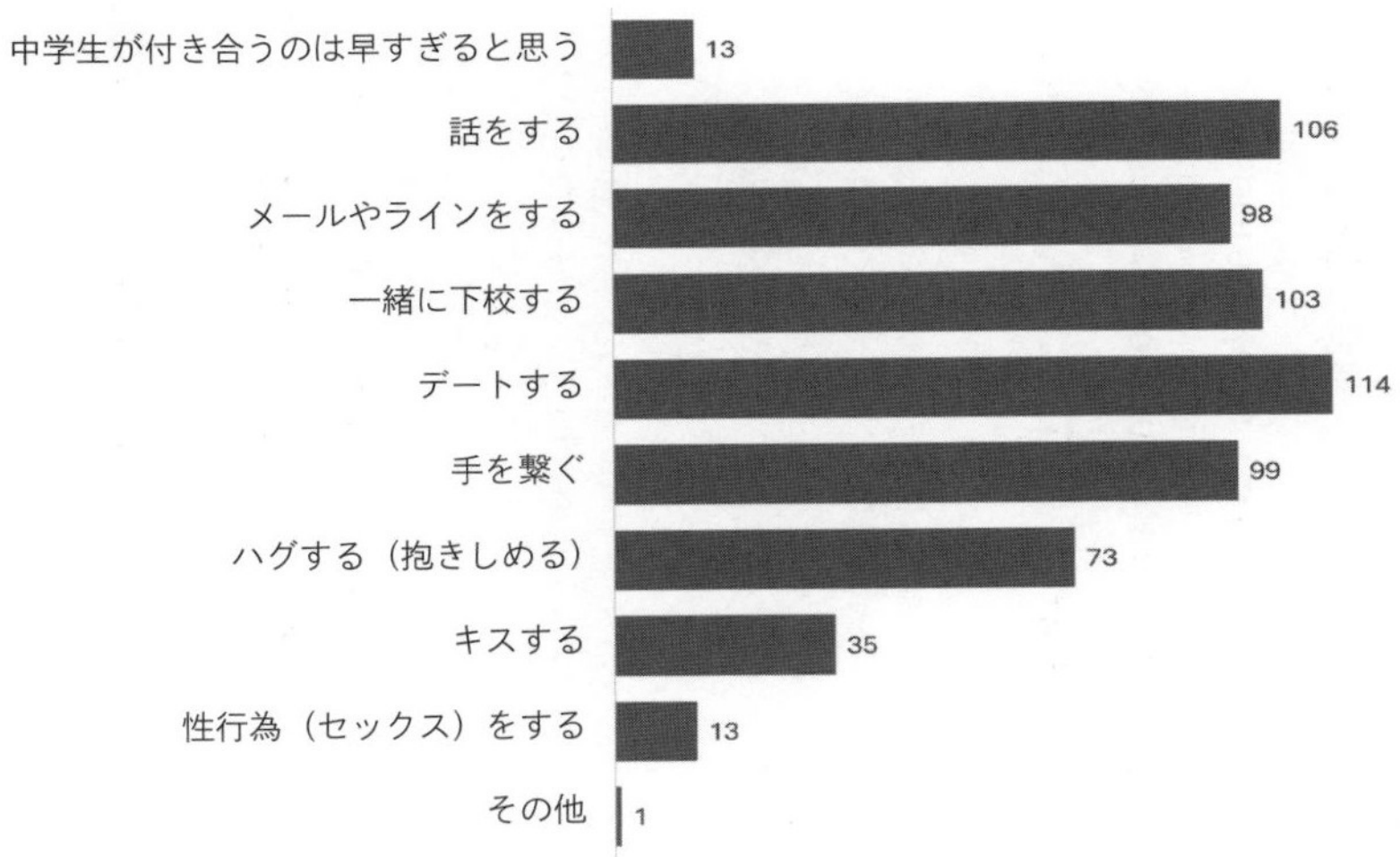

Q2　付き合う場合、パートナーとの関係についてどう思う？

（「はい」「いいえ」「分からない」のうち、当てはまるもの 1 つに○）（人）

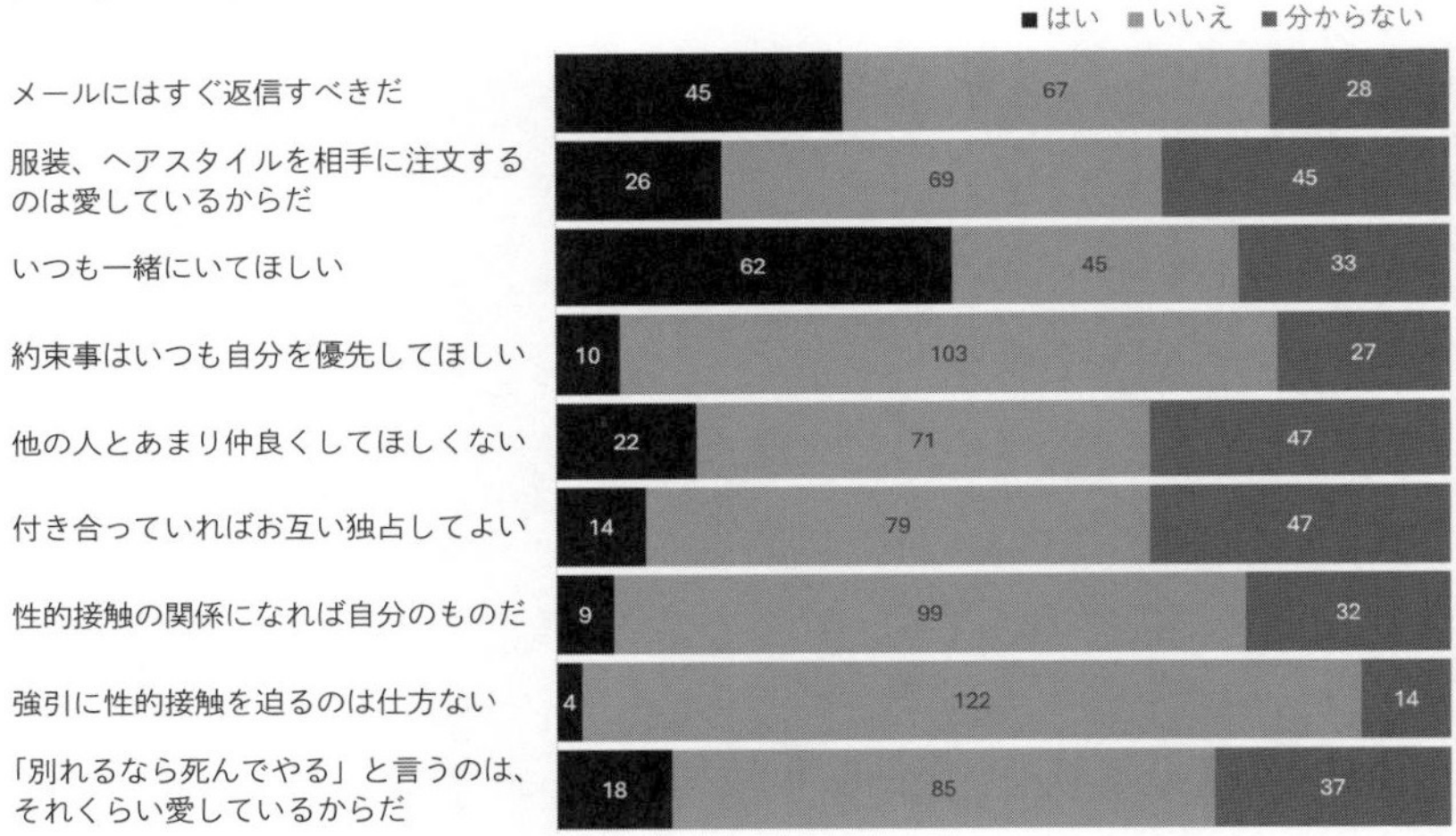

情報サイト・書籍・相談窓口

■性や人との関わり方について学ぶ

「SEXOLOGY　性を学ぶセクソロジー」（SEXOLOGY製作委員会）
https://sexology.life
「スマホで読める性の教科書」として、ユネスコの「国際セクシュアリティ教育ガイダンス」に基づいた情報発信を行なっています。

「ココロとカラダのことを学べるココカラ学園」（Yahoo! きっず）
https://kids.yahoo.co.jp/sei/
ゲーム形式で楽しく性について学ぶことができます。

ピルコン（NPO法人ピルコン）
https://pilcon.org
性について動画で学ぶことができます。性とライフプランニングをテーマにしたイベントも行なっています。

『国際セクシュアリティ教育ガイダンス　改訂版』（ユネスコ編、浅井春夫他訳、明石書店、二〇二〇年）
世界的な性教育の枠組みと方向性を示しています。私たちの実践する包括的性教育はこのガイダンスに基づいて行なっています。

■同意やバウンダリーについて学ぶ

Consent—it's simple as tea（日本語版）（紅茶と同意）
https://www.youtube.com/watch?v=-cxMZM3bWy0

Consent for kids（日本語版）（子どものための同意）
https://www.youtube.com/watch?v=xxlwgv-jVI8

『子どもを守る言葉『同意』って何？ YES、NOは自分で決める！』
（レイチェル・ブライアン著、中井はるの訳、集英社、二〇二〇年）
第六章で紹介した動画の内容は、本にもなっています。

■からだのしくみについて学ぶ

「生理のミカタ」（バイエル薬品株式会社）
https://www.seirino-mikata.jp
生理やそれに関連する病気、婦人科受診の流れなどを紹介しています。

「紳也's ホームページ」（泌尿器科医　岩室紳也）
https://iwamuro.jp
「コンドームの達人」と呼ばれる泌尿器科医・岩室紳也さんのサイトです。ペニスや射精、性感染症について紹介しています。

■性犯罪に巻き込まれてしまったら

各都道府県警察の性犯罪被害相談電話につながる全国共通番号「#8103（ハートさん）」
https://www.npa.go.jp/higaisya/seihanzai/seihanzai.html
発信地域を管轄する各都道府県警察の性犯罪被害相談電話窓口につながります。

性犯罪性暴力被害者のためのワンストップ支援センター「#8891（はやくワンストップ）」
https://www.gender.go.jp/policy/no_violence/seibouryoku/consult.html
性犯罪性暴力に関する相談窓口です。最寄りのワンストップ支援センターにつながります。産婦人科医療やカウンセリング、法律相談などの専門機関とも連携しています。

■予期せず妊娠してしまったら

「Dr.北村のJFPAクリニック Dr.北村が推奨する緊急避妊薬低容量ピル処方施設検索」（一般社団法人日本家族計画協会市谷クリニック）
https://www.jfpa-clinic.org/s/
最寄りの緊急避妊薬、低用量ピルの処方施設を検索できます。

樋上典子（ヒガミ・ノリコ）

元公立中学校教諭（保健体育科）。都立養護学校（現特別支援学校）で9年、足立区内の中学校で30年勤務。生徒の変容を見るのが楽しく、37年間性教育にこだわり、試行錯誤しながら大学の研究者とともに14年間、包括的性教育実践を積み重ねてきた。2021年3月に退職し、現在は中学校時間講師として勤務する傍ら、大学、看護学校で非常勤講師として学生に性の学びを届けている。性教育を広げる執筆活動、小中高生、教員、保護者への講演も積極的に行っている。
著書に『実践 包括的性教育』（共編著、2022年、エイデル研究所）がある。

学校では教えてくれない性の話
みんなでひらく包括的性教育のとびら

2024 年 7 月 13 日　初版発行

著　者　樋上典子

発行所　株式会社　皓星社
発行者　晴山生菜
〒 101-0051　東京都千代田区神田神保町 3-10 宝栄ビル 6 階
電話 03-6272-9330　FAX 03-6272-9921
e-mail book-order@libro-koseisha.co.jp
ホームページ https://www.libro-koseisha.co.jp/

装画　Marron「Oceanids」
装丁・本文デザイン・組版　藤巻亮一
印刷・製本　精文堂印刷株式会社

定価はカバーに表示してあります。
落丁・乱丁本はお取替えいたします。

ISBN 978-4-7744-0822-4